1日10分英語回路育成計画

名言・名スピーチ で学ぶ
英語音読トレーニング

鹿野晴夫 編

IBCパブリッシング

装丁	岩目地 英樹（コムデザイン）
本文デザイン	コン トヨコ
ナレーション	Deirdre Merrell-Ikeda, Peter von Gomm
録音編集	株式会社 巧芸創作

本書は弊社より刊行の超音読シリーズ「世界の名スピーチ編」と「大統領のスピーチ編」を再編集し、音声をダウンロード形式に変更したものです。

トレーニングの前に

世界の名言・名スピーチで、「英語回路」を育成しよう!

英語 & スキルトレーニング BizCom 代表

鹿野　晴夫

実力アップは、「英語回路」の育成から

　本書は、英語の音読を通じて、「英語回路」を育成するトレーニングが行える本です。トレーニングの方法が脳科学の研究に基づいているだけでなく、多くの社会人が実践して、その効果も実証されています。

　最近では、企業のグローバル化の中で、英語に取り組まざるをえなくなったという方が、本書で紹介する「英語回路」を育成するトレーニングで、英語力の変化を実感されています。

　「始められなかった英語学習が始められた」

　「続けられなかった英語学習が続けられた」

　「伸び悩んでいた英語力がアップした」

　効果があるトレーニングですが、難しいことをするわけではありません。厳選した世界の名言・名スピーチの英文を 1 日10分音読するだけです。

英語があまり得意でない方でも、本書を使って音読を重ねることで、英語を聞くこと、読むことが楽になったと感じるはずです。そして、本書を学習し終える頃には、英語に少し自信がつき、自分から英語で話したいという気持ちになっているはずです。

ぜひ、何から学習したらよいかわからないという皆さん、効果的に英語力をアップさせたいという皆さんに、本書を使って、「英語回路」を育成するトレーニングを行っていただきたいと思います。

私自身、中・高・大と英語が大の苦手。会社員になり、29歳で初受験したTOEICは、335点でした。そんな私ですが、1年で610点、2年3カ月で730点、3年半で850点になりました。そして、開始から7年で900点を超え、現在は990点です。各レベルでトレーニングの内容は多少違うものの、本書で紹介のトレーニングは、ずっと続けてきました。

35歳からは、トレーニング方法を指導してくれた千田潤一先生の勧めで起業し、私を変えてくれた「英語トレーニング」をもっと多くの人に知ってもらう仕事を始めました。以来、200以上の企業・学校で、「英語学習法セミナー」の講演を行ってきました。これまでの受講者は、10万人を超えます。

講演と言っても堅苦しいものではありません。英語回路の仕組みを説明した後、初見の英文を聞き・読んで、一緒にトレーニングを行って、トレーニング後に再度英文を聞き・読む体験をしてもらうものです。最初に英文を聞き・読んだときにはさっぱり分からなかった方でも、トレーニング後には「聞けた・読めた」が実感できます。

「英語学習法セミナー」は、英語学習の開始・再開を支援するも

のですが、学習が続かない方には、企業内で実施する「英語力強化プログラム」と、個人で受講できる「英語トレーニング・実戦コース」（オンライン）も開講しています。英語力強化プログラムは、5,000名以上が受講し、4カ月の学習でTOEIC L&Rスコアが平均80点以上アップしています。

　本書のトレーニングは、私自身に効果のあった方法であり、多くの社会人の皆さんに効果があった方法です。効果が実証されているだけでなく、効果がある理由も明らかになっています。それは、「英語回路」を育成する方法だからです。

　「英語回路」を育成するトレーニングは、1日10分。たった10分でも、英語力が伸びる理由は、楽しく続けられるからです。トレーニングに使用する英文には、日本語訳も語彙解説もありますから、辞書を引くまでもなく、ちょっとした空き時間を使って、気軽に練習できます。

　この本を手にした皆さんも、本書のトレーニングを楽しく継続して、英語力アップを実現してください。

「英語回路」ができていないと上達しない

　「英語上達のカギは、やっぱり単語と文法」。英語が苦手だったころには、私もそう思っていました。

　でも、今は違います。英語上達のカギは、「英文をイメージで処理できる英語回路を育成すること」です。

　英語と日本語は、単語も違いますし、文法も違います。ですから、英語を理解するための基本が、単語と文法であることは事実です。しかし、単語と文法の知識を使って、英文を日本語に訳せるよう

に勉強しても、英語を英語のまま理解できるようにはなりません。英語を日本語に置き換えた後で、脳の日本語を処理する回路（日本語回路）を使って理解しても、英語のまま理解する回路（英語回路）は育成できないのです。

英語回路ができていないと、英語であっても、常に日本語回路を使って処理しなければなりません。けれども、英語と日本語は語順が違いますから、日本語回路ではすばやく処理できません。

例えば、This is the book that I bought yesterday. を日本語回路で理解すれば、「これは (This)、昨日 (yesterday)、私が買った (I bought)、本 (the book)、です (is)」となります。この方法で英文を読もうとすると、目を前後させなければならないのです。

英文を読むことは、時間をかければ、日本語回路を使ってもなんとか可能です。でも、聴く際は、相手の話すスピードに合わせて聴かなければなりませんし、耳を前後させることもできませんから、日本語回路を使って聴くことは、ほぼ不可能です。

ですから、英語回路が育成されていなければ、ナチュラル・スピードの英語の聴き取りや、1分間に150語以上で速読する必要のあるTOEICテストなどのスピードにも、まったくついていけません。

TOEICテストの単語は、大学入学共通テスト（センター試験の後継試験）の単語と95％以上合致していますし、文法は高校1年生までに習うものですが、大学1年生の平均スコアは454点（990点満点）です（2023年度TOEIC IP テスト）。

英語は英語回路を使って処理しなければ、「使える」レベルのスピードには到底達しないのです。

単語や文法を覚えても、英語が聴けない、速く読めない理由は、「英語回路」ができていないからです。「英語回路」の育成が進むと、

英語が聴ける、速く読めるようになり、相乗的に単語や文法の定着率も上がるのです。

英語が楽しくなる!!

　繰り返しになりますが、英語回路とは、「英語をイメージで処理する回路」です。人間の脳は、「映像を処理するコンピューター」ともいわれます。つまり、理解できるということは、イメージできる（映像化できる）ということです。次ページの英文を読んで、状況をイメージできるかどうか、試してみてください。

I've missed more than 9000 shots in my career. I've lost almost 300 games. 26 times, I've been trusted to take the game winning shot and missed. I've failed over and over and over again in my life. And that is why I succeed.

"Michael Jordan"

　さっと読んで、完全な映像は浮かばないまでも、シュート、ゴール、試合の様子などがイメージできれば、英語のまま理解できているということです。

　イメージが浮かばないか、英語の語順のまま理解できないか、日本語に訳さないと理解できない方は、英語回路の育成が必要です。

　では、どの程度のイメージができれば、英語回路の完成といえるのでしょうか？　今度は、上記の英文の日本語訳を読んで、同

じようにイメージしてみてください。

> 「私は、9000回以上シュートを外した、これまでのキャリアで。私は、300回近く試合に敗れた。26回、私は勝敗を決めるシュートを任され、そして外した。私は、何度も何度も何度も失敗してきた、人生で。そして、それが私の成功の理由だ」
>
> 『マイケル・ジョーダン』

　英文を読んだときよりも、はっきりとイメージできた方が多いのではないでしょうか？ 英文を読んだり聴いたりするときに、日本語のときと同じレベルで内容をイメージできたら、英語回路の完成です。
　「英語回路」の育成が進むと、英語を聴いたり読んだりする際に、苦労せずに内容がわかるようになり、内容を楽しむ余裕が生まれます。楽しいと感じれば、もっと聴いたり読んだりするようになって、自然とインプットの量が増え、倍々で英語力が伸びていきます。

「速く音読する」ことが一番の方法

　「英語を日本語に置き換えずに、イメージで理解する」
　この練習を脳にさせ、英語回路を育成するのが、本書で紹介するトレーニング法です。
　英語回路育成のためのトレーニングの基本は、速音読です。これは、「意味のわかった英文を、高速で音読すること」です。速音読で、「英語の文法体系を脳のネットワークに組み込み、英語回路をつくること」ができるのです。もちろん英語を処理するスピード

も向上します。

　ただ音読するだけで英語回路ができるのか？　と思われる方もいるかもしれませんが、単なる音読ではありません。大切なことは、「意味のわかった英文を使うこと」と「高速で音読すること」です。

　「意味のわかった英文」とは、日本語と同じレベルで「イメージがわくようになった英文」ということです。そのために、本書では数多くの方になじみのある、世界的な著名人とアメリカ大統領の名言・名スピーチの英文と、日本語訳を活用します。日本語訳を音読して、十分に脳にイメージをわかせてから、同じ意味の英文を音読するのです。

　「高速で音読する」とは、ネイティブが普通に音読するスピードを最低ラインの目標として、それ以上のスピードで音読するということです。ネイティブと同じかそれ以上のスピードで音読できれば、ネイティブの話す英語を楽に聴ける（処理できる）ようになるのです。

やさしい英文から、ステップアップ

　英語回路を育成するには、「やさしい英文の音読から始めること」が大事です。難しい英文を音読しても、脳は活性化します。しかし、難しい英文は、速く音読するのが困難です。これでは、英語回路の育成に必要なスピードが不足してしまいます。

　ですから、英語回路の育成のためには、やさしい英文を速く音読することから始めるのが最善です。音読のスピードが上がってきたら、だんだんと英文の難易度を上げていけば良いのです。

　本書の英文とトレーニング用音声の再生スピードは、次のとおりです。

トレーニングの前に
世界の名言・名スピーチで、「英語回路」を育成しよう！

英文　高校2年生〜英字新聞レベルの英文
（語彙レベル 2,000 〜 5,000 語）

音声　Fast（❶）と Slow（❷）の 2 種類の音声があります。本文中の QR コードをスマホなどでスキャンすると、音声の直接再生や、MP3 ファイルのダウンロードができます。

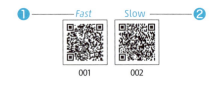

❶ ネイティブ・スピーカーが普通に音読するスピード（170 〜 180 語／分）。本書ではこれを Fast と呼びます。
❷ ネイティブ・スピーカーが慎重に音読するスピード（120 〜 130 語／分）。本書ではこれを Slow と呼びます。

　本書の英文は、第 1 部「名言・名スピーチ編」は『人を動かすことば Inspiring Words』（IBC パブリッシング刊）から、第 2 部「アメリカ大統領のスピーチ編」は歴代のアメリカ合衆国大統領のスピーチから厳選したものです。名言やスピーチの中には、難しい語彙も多少含まれますが、重要なメッセージが込められた印象的な英文ばかりですから、一歩上を目指す中級・上級者の皆さんのトレーニングに最適です。

　本書のトレーニング用音声は、同じ英文を、❶ 170 〜 180 語／分、❷ 120 〜 130 語／分の 2 段階で収録してあります。❶ は、ニュースキャスターのように、情報を正確に伝えることに留意しつつ、普通に音読しているスピードです。❷ は、ネイティブ・スピーカー

が十分に感情を込めて、少し慎重に音読しているスピードです。

　ちなみに、ネイティブ・スピーカーは、完全に意味を理解しながら、200語／分に近いスピードで音読することができます。これが、本書を使った速音読の最終目標スピードです。このスピードに近づく過程で、英語回路が育成されます。

英語回路をつくるシンプルな方法

　本書では、次の要領でトレーニングします。

1. まずは、120 ～ 130語／分で、しっかりと意味を理解しながら、気持ちを込めて正確に音読できるようになる

2. 次のステップで、意味を理解しつつ、ネイティブ・スピーカーの最速（200語／分）を目標の目安として、自身の音読スピードを上げていく

　この方法によって、「英語回路」が育成されます。

　本書は、音読スピードが記録できるようになっています。記録をつけることで、自身の最高スピードが更新されていくのを確認してください。

　なお、ネイティブ・スピーカーの最高速を目安にすることは大事ですが、ネイティブ・スピーカーはライバルではありません。

　ライバルは、あくまでも自分自身です。本書で速音読を始める前の自分、昨日トレーニングしたときの自分、1回前に音読したときの自分。過去の自分より、少しでも速く音読できることが、また一歩、成長できた証なのです。

11

もくじ

トレーニングの前に

世界の名言・名スピーチで
「英語回路」を育成しよう！ ⋯⋯⋯⋯⋯3

「英語回路」育成計画　21

「英語回路」育成トレーニング ⋯⋯⋯⋯⋯ 22

「英語回路」育成計画表 ⋯⋯⋯⋯⋯⋯⋯ 28

第1部　名言・名スピーチ編

Inspiring Words: DREAM　夢　　　　　33

No.1-1　**Walt Disney**
ウォルト・ディズニー ⋯⋯⋯⋯⋯⋯⋯ 34

No.1-2　**Eleanor Roosevelt**
エレノア・ルーズベルト ⋯⋯⋯⋯⋯⋯ 36

No.1-3　**Dwight D. Eisenhower**
ドワイト・D・アイゼンハワー ⋯⋯⋯ 38

No.1-4　**Steve Jobs**
スティーブ・ジョブズ ⋯⋯⋯⋯⋯⋯⋯ 40

No.1-5　**Neil Armstrong**
ニール・アームストロング ⋯⋯⋯⋯⋯ 42

No.1-6　**Paulo Coelho**
パウロ・コエーリョ ⋯⋯⋯⋯⋯⋯⋯⋯ 44

| Inspiring Words: **SUCCESS**　成功 | 47 |

No. 2-1 **Bob Dylan**
ボブ・ディラン..48

No. 2-2 **Woody Allen**
ウディ・アレン..50

No. 2-3 **Thomas Edison**
トーマス・エジソン..52

No. 2-4 **Steven Spielberg**
スティーヴン・スピルバーグ..54

No. 2-5 **Mark Twain**
マーク・トウェイン..56

No. 2-6 **Michael Jordan**
マイケル・ジョーダン..58

| Inspiring Words: **LIFE**　人生 | 61 |

No. 3-1 **Albert Einstein**
アルベルト・アインシュタイン..62

No. 3-2 **Mick Jagger**
ミック・ジャガー..64

No. 3-3 **Bill Gates**
ビル・ゲイツ..66

No. 3-4 **Lyndon B. Johnson**
リンドン・B・ジョンソン..68

No. 3-5 **James M. Barrie**
ジェームズ・M・バリー..70

No. 3-6 **Muhammad Ali**
モハメド・アリ..72

Inspiring Words: LEADERSHIP　リーダー　　　　75

No. 4-1　**Johann Wolfgang von Goethe**
ヨハン・ヴォルフガング・フォン・ゲーテ···········76

No. 4-2　**Antoine de Saint-Exupéry**
アントワーヌ・ド・サン゠テグジュペリ···········78

No. 4-3　**Barack Obama**
バラク・オバマ···········80

No. 4-4　**Victor Hugo**
ビクトル・ユーゴー···········82

No. 4-5　**Peter Drucker**
ピーター・ドラッカー···········84

No. 4-6　**Nelson Mandela**
ネルソン・マンデラ···········86

Inspiring Words: BEAUTY　美　　　　89

No. 5-1　**Sophia Loren**
ソフィア・ローレン···········90

No. 5-2　**Audrey Hepburn**
オードリー・ヘプバーン···········92

No. 5-3　**Ernest Hemingway**
アーネスト・ヘミングウェイ···········94

No. 5-4　**Coco Chanel**
ココ・シャネル···········96

No. 5-5　**Madonna**
マドンナ···········98

No. 5-6　**Marilyn Monroe**
マリリン・モンロー···········100

Inspiring Words: HAPPINESS　幸福　　103

No. 6-1　His Holiness the 14th Dalai Lama
ダライ・ラマ 14 世 ································· 104

No. 6-2　John Lennon
ジョン・レノン ································· 106

No. 6-3　Reverend Martin Luther King, Jr.
マーティン・ルーサー・キング・ジュニア牧師 ······· 108

No. 6-4　Julia Roberts
ジュリア・ロバーツ ································· 110

No. 6-5　Lao Tzu
老子 ································· 112

No. 6-6　Sir Winston Churchill
ウィンストン・チャーチル ······················· 114

第 2 部　アメリカ大統領のスピーチ編

US president's speech No.1　　117

No. 1-1　Abraham Lincoln
First Inaugural Address
エイブラハム・リンカーン
第 1 期就任演説 ································· 118

No. 1-2　Abraham Lincoln
Gettysburg Address (1)
エイブラハム・リンカーン
ゲティスバーグ演説 1 ························· 120

No. 1-3　Abraham Lincoln
Gettysburg Address (2)
エイブラハム・リンカーン
ゲティスバーグ演説 2 ························· 122

No. 1-4　Abraham Lincoln
Second Inaugural Address (1)
エイブラハム・リンカーン
第 2 期就任演説 1 124

No. 1-5　Abraham Lincoln
Second Inaugural Address (2)
エイブラハム・リンカーン
第 2 期就任演説 2 126

No. 1-6　Ulysses S. Grant
Second Inaugural Address
ユリシーズ・S・グラント
第 2 期就任演説 128

No. 1-7　Theodore Roosevelt
Inaugural Address
セオドア・ルーズベルト
就任演説 130

No. 1-8　Woodrow Wilson
Message on Neutrality
ウッドロウ・ウィルソン
中立のメッセージ 132

No. 1-9　Woodrow Wilson
"A World League for Peace" Speech
ウッドロウ・ウィルソン
「国際平和機構」演説 134

US president's speech No.2　　　　137

No. 2-1　Herbert Hoover
**Remarks upon Proclaiming the Treaty for the
Renunciation of War (Kellog-Briand Pact)**
ハーバート・フーヴァー
不戦条約の宣言についての発言
（ケロッグ＝ブリアン条約） 138

No. 2-2　Franklin D. Roosevelt
State of the Union (Four Freedoms)
フランクリン・D・ルーズベルト
一般教書演説（４つの自由）⋯⋯⋯⋯⋯ 140

No. 2-3　Dwight D. Eisenhower
Farewell Address
ドワイト・D・アイゼンハワー
辞任演説⋯⋯⋯⋯⋯⋯⋯⋯⋯⋯⋯⋯⋯ 142

No. 2-4　John F. Kennedy
The Goal of Sending a Man to the Moon
ジョン・F・ケネディ
人類を月へ送る目標⋯⋯⋯⋯⋯⋯⋯⋯ 144

No. 2-5　John F. Kennedy
"Ich bin ein Berliner" Speech
ジョン・F・ケネディ
「私はベルリン市民である」演説⋯⋯⋯ 146

No. 2-6　John F. Kennedy
Remarks at Amherst College
ジョン・F・ケネディ
アマースト大学での発言⋯⋯⋯⋯⋯⋯ 148

No. 2-7　Lyndon B. Johnson
State of the Union Address
リンドン・B・ジョンソン
一般教書演説⋯⋯⋯⋯⋯⋯⋯⋯⋯⋯ 150

No. 2-8　Richard Nixon
Address to the Nation Announcing an Agreement on Ending the War in Vietnam
リチャード・ニクソン
ベトナム戦争終結に関する協定の国民発表の演説 152

No. 2-9　Richard Nixon
Address to the Nation Announcing Decision To Resign the Office of President
リチャード・ニクゾン
大統領辞任を国民へ発表する演説⋯⋯ 154

US president's speech No.3   157

No. 3-1　Jimmy Carter
Farewell Speech
ジミー・カーター
辞任演説 ⋯⋯⋯⋯⋯⋯⋯⋯⋯⋯⋯⋯⋯⋯ 158

No. 3-2　Ronald Reagan
Farewell Address
ロナルド・レーガン
辞任演説 ⋯⋯⋯⋯⋯⋯⋯⋯⋯⋯⋯⋯⋯⋯ 160

No. 3-3　George H. W. Bush
Address on Iraq's Invasion of Kuwait
ジョージ・H・W・ブッシュ
イラクのクウェート侵攻に関する演説 ⋯⋯ 162

No. 3-4　George H. W. Bush
Address at West Point
ジョージ・H・W・ブッシュ
ウェストポイントでの演説 ⋯⋯⋯⋯⋯⋯ 164

No. 3-5　Bill Clinton
First Inaugural
ビル・クリントン
第 1 期就任演説 ⋯⋯⋯⋯⋯⋯⋯⋯⋯⋯⋯ 166

No. 3-6　Bill Clinton
Address on Health Care Reform
ビル・クリントン
医療制度改革についての演説 ⋯⋯⋯⋯⋯ 168

No. 3-7　Bill Clinton
Address on Race Relations
ビル・クリントン
人種間関係についての演説 ⋯⋯⋯⋯⋯⋯ 170

No. 3-8　Bill Clinton
Farewell Address
ビル・クリントン
辞任演説 ⋯⋯⋯⋯⋯⋯⋯⋯⋯⋯⋯⋯⋯⋯ 172

No. 3-9 George W. Bush
State of the Union Address
ジョージ・W・ブッシュ
一般教書演説 174

US president's speech No.4 177

No. 4-1 George W. Bush
State of the Union Address (1)
ジョージ・W・ブッシュ
一般教書演説 1 178

No. 4-2 George W. Bush
State of the Union Address (2)
ジョージ・W・ブッシュ
一般教書演説 2 180

No. 4-3 George W. Bush
Remarks on the War on Terror
ジョージ・W・ブッシュ
対テロ戦争に関する声明 182

No. 4-4 George W. Bush
Farewell Address to the Nation
ジョージ・W・ブッシュ
国民への退任演説 184

No. 4-5 Barack Obama
Inaugural Address
バラク・オバマ
就任演説 186

No. 4-6 Barack Obama
Address at Cairo University
バラク・オバマ
カイロ大学での演説

No. 4-7　Barack Obama
Father's Day Address
バラク・オバマ
父の日の演説 ……………………………………………… 190

No. 4-8　Barack Obama
Religions Tolerance in America: Address at Iftar Dinner
バラク・オバマ
アメリカの宗教的寛容さ：
ラマダン明けの食事会での演説 …………… 192

No. 4-9　Barack Obama
Remarks on the Historic Revolution in Egypt
バラク・オバマ
エジプトの歴史的革命についての声明 ……… 194

Index ……………………………………………… 197
音読から速音読、そして多読へ ………………… 212
自己最速を更新しよう！……… 46・60・74・88・102・
116・136・156・176・196

●音声一括ダウンロード●

本書の朗読音声（MP3形式）を下記URLとQRコードから無料でPCなどに一括ダウンロードすることができます。

　　　https://ibcpub.co.jp/audio_dl/0874/

※ダウンロードしたファイルはZIP形式で圧縮されていますので、解凍ソフトが必要です。
※MP3ファイルを再生するには、iTunes（Apple Music）やWindows Media Playerなどのアプリケーションが必要です。
※PCや端末、ソフトウェアの操作・再生方法については、編集部ではお答えできません。付属のマニュアルやインターネットの検索を利用するか、開発元にお問い合わせください。

「英語回路」育成計画

- ■「英語回路」育成トレーニング
- ■「英語回路」育成計画表

「英語回路」育成トレーニング

基本編 〈リスニング力を強化する〉

　以下の手順で、トレーニングを行いましょう。速音読による英語回路の育成が、リスニング力の向上につながることが実感できるはずです。

Step 1 ── 音声【Fast】を聴く

Step 2 ── 日本語訳の音読

Step 3 ── 音声【Slow】を聴き、英文の音読

　　　　　　　　　　　　➡ 3回繰り返す

Step 4 ── 英文の速音読 1・2・3 ［時間を記録］

Step 5 ── 音声【Fast】を聴く ［成果の確認］

　トレーニング時間の目安は、1ラウンド、10分程度です。秒数が測れる時計（できればストップウォッチ）を用意してください。

Step 1 ─音声【Fast】を聴く

　Fast（170 〜 180語／分）の音声を聴き、どの程度内容を理解できるか確認しましょう。理解度を1 〜 5段階評価して、各ラウンドの記録表に記入します。

　●評価の目安
　　1：まったくわからない
　　2：ところどころわかる
　　3：半分くらいわかる
　　4：ほぼわかる
　　5：完全にわかる

Step 2 ─ 日本語訳の音読

　日本語訳を、内容を理解しながら、音読しましょう。英語を英語のまま理解できるように、英文の語順に合わせた訳をつけています。

「英語回路」育成トレーニング

Step 3 ── 音声【Slow】を聴き、英文の音読

➡ 3回繰り返す

　Slow（120〜130語／分）の音声をかけ、英文を目で追って、単語の発音を確認しましょう。その後で、英文を音読します。ここでは、Slow の音声スピードと同じくらいの速さとリズムを意識して音読してください。この作業（音声を聴き、音読する）を3回繰り返します。

Step 4 ── 英文の速音読 1・2・3 [時間を記録]

　秒数を測りながら、英文を速音読します。3回繰り返して、それぞれの時間を1 〜 3回目の欄に記入します。1回目より、2回目。2回目より、3回目と、最高記録更新を目指して、音読スピードを上げていきましょう。

Step 5 ── 音声【Fast】を聴く［成果の確認］

Fast（170 ～ 180語／分）の音声を聴き、どの程度内容を理解できるか確認しましょう。再度、理解度を1 ～ 5段階評価して、記録表に記入します。英語がゆっくり、はっきり聞こえるはずです。

●記録の記入例

目標タイム

17.7 秒

Fastを聴く （1回目）	速音読 1	速音読 2	速音読 3	Fastを聴く （成果の確認）
1・2・③・4・5	26.1 秒	22.7 秒	20.1 秒	1・2・3・4・⑤

聴く・読む・話す・書く！
「英語回路」育成には、
五感をフルに使うことが一番‼

応用編〈読む、話す、書く力を強化する〉

　基本編のトレーニング（Step 1 〜 5）で、リスニング力を強化することができます。この Step 1 〜 5 のトレーニングの後に、Step 6 として、以下のトレーニングを加えることで、リーディング力・スピーキング力・ライティング力を高めることができます。

Step 6-A ── 英文の黙読〈リーディング力アップ〉

　英文を声に出さずに、なるべく速く黙読します。
　目を、英文の途中で止めたり、戻ったりさせずに、左から右に流れるよう動かしながら、英文の内容を理解しましょう。速音読による、リーディング力アップを実感できるはずです。

Step 6-B ── シャドーイング〈スピーキング力アップ〉

　シャドーイングとは、テキストを見ずに、聞こえてきた英語をわずかに遅れながら話していくトレーニングです。影（shadow）のようについていくことから、シャドーイングと呼ばれています。
　Slow（120 〜 130語／分）の音声をかけ、シャドーイングに挑戦してみましょう。意味を理解しながら、音声に遅れずに話すこ

とが目標です。この方法で、スピーキング力を高めることができます。

Step 6-C ── 英文の速写〈ライティング力アップ〉

　テキストを見て、英文を意味の区切りまで音読し、次に、テキストを見ずに音読した英文を声に出しながらノートに書きます。意味の区切りとは、カンマ（,）、ピリオド（.）が基本ですが、自分で意味が理解できる範囲でさらに短く区切っても構いません。

　ライティングの基本は、Write as you speak.（話すように書く）です。声に出すことで、身についた英語のリズムを助けとすることができ、それに加えて書くことで、語彙・文法が定着していきます。

「英語回路」育成計画表

> Start from here.

START
第1部

いいスタートだ！

Inspiring Words: DREAM
No. 1-1　月／日

Inspiring Words: DREAM
No. 1-2　月／日

Inspiring Words: DREAM
No. 1-3　月／日

Inspiring Words: DREAM
No. 1-4　月／日

Inspiring Words: DREAM
No. 1-5　月／日

一歩ずつ進もう！

Inspiring Words: DREAM
No. 1-6　月／日

Inspiring Words: SUCCESS
No. 2-1　月／日

Inspiring Words: SUCCESS
No. 2-2　月／日

Inspiring Words: SUCCESS
No. 2-3　月／日

Inspiring Words: SUCCESS
No. 2-4　月／日

Inspiring Words: SUCCESS
No. 2-5　月／日

Inspiring Words: SUCCESS
No. 2-6　月／日

どんどんいこう！

Inspiring Words: LIFE
No. 3-1　月／日

Inspiring Words: LIFE
No. 3-2　月／日

Inspiring Words: LIFE
No. 3-3　月／日

Inspiring Words: LIFE
No. 3-4　月／日

Inspiring Words: LIFE
No. 3-5　月／日

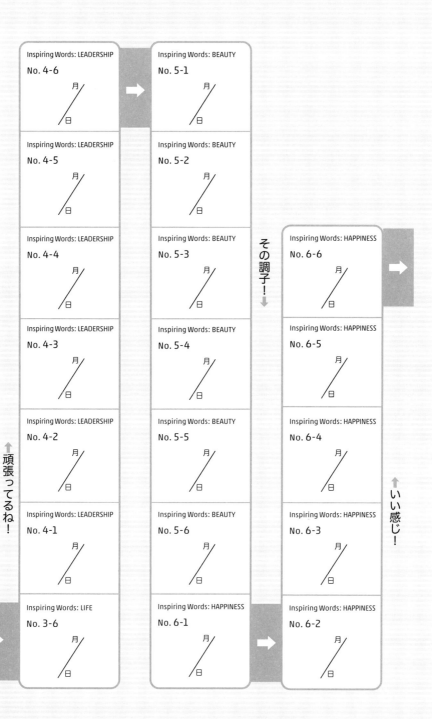

「英語回路」育成計画表

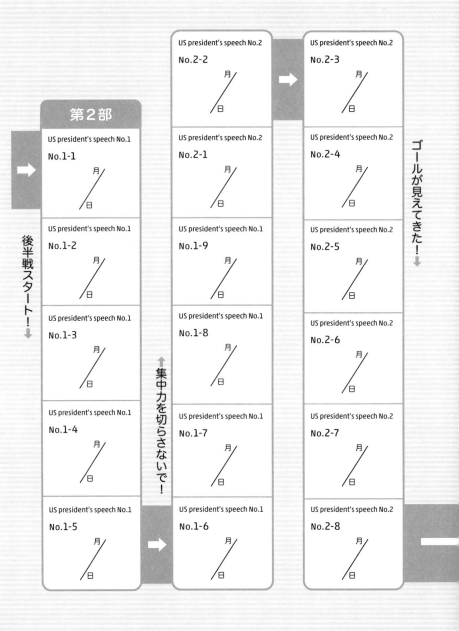

US president's speech No.3	US president's speech No.3
No.3-6 月／日	No.3-7 月／日

→

US president's speech No.3	US president's speech No.3
No.3-5 月／日	No.3-8 月／日

10 minutes a day developing your English circuits

もう少し！

US president's speech No.3	US president's speech No.3
No.3-4 月／日	No.3-9 月／日

GOAL

US president's speech No.4
No.4-9 月／日

US president's speech No.3	US president's speech No.4	US president's speech No.4
No.3-3 月／日	No.4-1 月／日	No.4-8 月／日

US president's speech No.3	US president's speech No.4	US president's speech No.4
No.3-2 月／日	No.4-2 月／日	No.4-7 月／日

あと一息！

US president's speech No.3	US president's speech No.4	US president's speech No.4
No.3-1 月／日	No.4-3 月／日	No.4-6 月／日

最後の仕上げだ！

→

US president's speech No.2	US president's speech No.4
No.2-9 月／日	No.4-4 月／日

→

US president's speech No.4
No.4-5 月／日

31

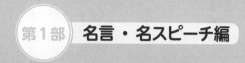

第1部　名言・名スピーチ編

Inspiring Words: *DREAM*

夢

Inspiring Words: DREAM

No. 1-1

Walt Disney

American filmmaker and entertainer (1901-1966)

Fast   Slow
001 002

Somehow I can't believe there are any heights that can't be scaled by a man who knows the secret of making dreams come true. This special secret, it seems to me, can be summarized in four C's. They are Curiosity, Confidence, Courage, and Constancy.

Curiosity means that you are always interested in new things. You are always excited to learn! Confidence means having faith in yourself and your ideas. Courage means being brave. A courageous person isn't afraid to take risks…and if you believe in yourself, it's easy to be brave! Constancy means not giving up. It means working hard, even when life is difficult.

106 words

第1部　名言・名スピーチ編 ● No.1-1

和 訳

ウォルト・ディズニー
アメリカの映画製作者、エンターテイナー（1901–1966）

どうしても信じ難い、高地があるとは。到達できないという、夢を実現する秘訣を知っている人が。この特別な秘訣は、私が思うに、4つのCに集約される。それらは、好奇心、自信、勇気、忠実だ。

好奇心は意味する、いつも新しいことに興味を持つことを。あなたは、いつも学ぶことに夢中だ！ 自信は意味する、自分と自分の考えを信じることを。勇気は意味する、恐れないことを。勇気ある人は恐れない、危険を冒すことを。そして、自分自身を信じれば、勇気をもつことは簡単だ！ 忠実とは意味する、あきらめないことを。それは一生懸命に取り組むことを意味する、生きるのが辛いときでも。

編注：本書の和訳は、編者のメソッドに従い、英語を英語のまま理解
できるように、英文の語順に合わせた訳になっています。

語句解説

- □ somehow　どうしても
- □ heights　高地
- □ scale　〜をよじ登る
- □ come true　実現する
- □ it seems to me　私には思える
- □ be summarized in
　　〜に集約される
- □ curiosity　好奇心
- □ confidence　自信

- □ courage　勇気
- □ constancy　忠実
- □ mean　〜を意味する
- □ faith　信頼
- □ brave　勇敢な
- □ courageous　勇気のある
- □ take risks　危険を冒す
- □ give up　あきらめる

目標タイム	Fastを聴く (1回目)	速音読 1	速音読 2	速音読 3	Fastを聴く (成果の確認)
31.8 秒	1・2・3・4・5	秒	秒	秒	1・2・3・4・5

35

Inspiring Words: *DREAM*

No. 1-2

Eleanor Roosevelt

First Lady of the United States (1884-1962)

Fast   Slow
003   004

I think, at a child's birth, if a mother could ask a fairy godmother to endow it with the most useful gift, that gift should be curiosity.

What does curiosity mean? It means the desire to know. It means being interested in the world around us. People who are curious about life are always learning new things. They are not bored or cynical. They find joy in the world because they are curious.

Try being a little more curious about the world. You will discover that life still has new and wonderful surprises for you.

95 words

第1部　名言・名スピーチ編 ● No.1-2

和 訳

エレノア・ルーズベルト
アメリカ大統領夫人（1884–1962）

私は思います、子供が誕生した時、母親が妖精にお願いできるとしたら、わが子に一番役に立つものを授けてくれるように、その贈り物は好奇心であるべきだと。

好奇心とは、どういう意味だろう？ それは意味する、知りたいという欲望を。それは意味する、我々の周りのことに興味を持つことを。日々の生活に好奇心を持つ人は、いつも新しいことを学んでいる。彼らは退屈したり、ひねくれたりしない。彼らは周囲から喜びを見出しているのだ、好奇心のおかげで。

　世の中に対してもう少し好奇心を持ってみよう。あなたは発見するだろう、人生にはまだあることを、今まで知らなかった素晴らしい驚きが。

語句解説

- □ birth　誕生
- □ fairy godmother
　（困難から救ってくれる）妖精
- □ endow　〜を授ける
- □ curiosity　好奇心
- □ desire　欲望
- □ be interested in
　〜に興味がある

- □ world　世の中
- □ be curious about
　〜に好奇心を持つ
- □ bored　退屈な
- □ cynical　ひねくれた
- □ discover　〜を発見する
- □ surprise　驚き

目標タイム

28.5 秒

Fastを聴く (1回目)	速音読 1	速音読 2	速音読 3	Fastを聴く (成果の確認)
1・2・3・4・5	秒	秒	秒	1・2・3・4・5

37

Inspiring Words: DREAM

No. 1-3

Dwight D. Eisenhower

U.S. President (1890-1969)

Fast   Slow

005   006

What counts is not necessarily the size of the dog in the fight—it's the size of the fight in the dog.

This quotation is funny, but it asks an important question: what separates winners from losers? You might think that the answer is size and strength. Someone who is a "big dog" seems more likely to win than someone who is a "little dog." But size and strength are not everything. What really counts is what's on the inside. The winner is the person who has the determination to keep going, no matter what.

95 words

第1部　名言・名スピーチ編 • No.1-3

和訳

ドワイト・D・アイゼンハワー
アメリカ合衆国大統領（1890–1969）

大切なことは、必ずしも闘う犬の大きさではない。大切なことは、犬の闘争心の大きさである。

この言葉は面白いだけでなく、重要な問いを発している。勝者と敗者を分けるのは何か？　思うかもしれない、その答えは大きさと強さだと。「大きい犬」である人の方が、勝つ可能性が高いように思える、「小さい犬」である人よりも。しかし、大きさや強さが全てではない。本当に大切なことは、内面にあるものだ。勝者とは、進み続ける意思の強さを持った人のことだ、何があろうとも。

語句解説

- □ count　重要である
- □ not necessarily
　必ずしも〜ではない
- □ fight　戦い、闘争心
- □ quotation　引用文
- □ funny　おかしい
- □ separate A from B
　AとBを分ける
- □ winner　勝者
- □ loser　敗者
- □ strength　強さ
- □ more likely to ＋動詞
　〜する可能性が高い
- □ on the inside　内側に
- □ determination　意志の強さ
- □ keep going　進み続ける
- □ no matter what　何があっても

目標タイム **28.5**秒	Fastを聴く（1回目）1・2・3・4・5	速音読 1　　　秒	速音読 2　　　秒	速音読 3　　　秒	Fastを聴く（成果の確認）1・2・3・4・5

39

Inspiring Words: DREAM

No. 1-4

Steve Jobs

co-founder of Apple Computer (1955-2011)

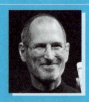

Fast Slow

007 008

Remembering that I'll be dead soon is the most important tool I've ever encountered to help me make the big choices in life. Because almost everything—all external expectations, all pride, all fear of embarrassment or failure—these things just fall away in the face of death, leaving only what is truly important.

Remembering that you are going to die is the best way I know to avoid the trap of thinking you have something to lose.

77 words

第1部 名言・名スピーチ編 ● No.1-4

和 訳

スティーブ・ジョブズ
アップル・コンピュータの共同設立者（1955–2011）

自分がもうすぐ死ぬということを思い出すことが、最も大切なツール
だ、私が今まで巡り合った中で。人生における重大な選択をするのを助
けてくれる。何故なら、ほとんどすべてのこと、周囲の期待、プライド、
恥をかくことや失敗することの恐れ、こうしたことはすべて崩れ去る、
死と向き合うと。本当に大事なことだけを残して。

　自分がもうすぐ死ぬということを思い出すことが、私の知っている最
良の方法だ。罠を避けるための、何かを失うかもしれないと考える。

語句解説

- □ remember ～を思い出す
- □ dead 死んだ
- □ encounter ～と出くわす
- □ help me make the big choices
  私が大きな決断を下すのを助ける
- □ external 外の
- □ expectation 期待
- □ pride プライド、自尊心
- □ fear 恐れ
- □ embarrassment きまり悪さ
- □ failure 失敗
- □ fall away はがれ落ちる
- □ in the face of ～と向き合う
- □ avoid ～を避ける
- □ trap 罠
- □ lose ～を失う

目標タイム 23.1 秒	Fastを聴く (1回目) 1・2・3・4・5	速音読 1 秒	速音読 2 秒	速音読 3 秒	Fastを聴く (成果の確認) 1・2・3・4・5

Inspiring Words: *DREAM*

No. 1-5

Neil Armstrong

American astronaut
and the first person to set foot on the Moon (1930-2012)

Fast Slow

009   010

> I believe every human has a finite number of heartbeats. I don't intend to waste any of mine.

Some of us will live for many years. Others will die young. We don't know which is our fate. Some of us will have time to say "goodbye" to the people and things we love. Others will die suddenly; there will be no time to prepare or say "goodbye." So don't waste your time! Make every moment—every beat of your heart—count. Live your life as fully and completely as you can.

91 words

第1部　名言・名スピーチ編 • No.1-5

和 訳

ニール・アームストロング
アメリカの宇宙飛行士であり、初めて月面に下り立った人物（1930–2012）

**私は信じている、あらゆる人間は、心臓の鼓動数に限界がある
と。私は無駄にするつもりはない、1回たりとも。**

長生きする人もいる。若くして亡くなる人もいる。我々にはわからな
い、どちらが自分の運命なのか。「さよなら」を言う時間がある人もい
るだろう、愛する人やものたちに。突然に命を落としてしまう人もい
るだろう。何の準備も、「さよなら」を言う時間もなく。だから、自分
の時間を無駄にしてはいけない！ 一瞬一瞬、心臓の鼓動のひとつひと
つを、大切にしよう。人生を、精いっぱい満喫しよう。

語句解説

- □ finite　有限の
- □ heartbeat　鼓動
- □ intend to +動詞
　　〜するつもりである
- □ waste　〜を無駄にする
- □ some 〜 others…
　　〜する人もいれば、…する人もいる
- □ fate　運命

- □ suddenly　突然に
- □ no time to +動詞　〜する時間がない
- □ prepare　準備する
- □ count　大切である
- □ fully　十分に
- □ completely　完全に
- □ as 〜 as you can　できる限り〜

目標タイム	Fastを聴く (1回目)	速音読 1	速音読 2	速音読 3	Fastを聴く (成果の確認)
27.3 秒	1・2・3・4・5	秒	秒	秒	1・2・3・4・5

43

Inspiring Words: DREAM

No. 1-6

Paulo Coelho

Brazilian author and songwriter (born 1947)

> A child can teach an adult three things: to be happy for no reason, to always be busy with something, and to know how to demand with all his might that which he desires.

First, children have a natural gift for happiness. They can be happy almost anywhere, doing almost anything. Second, children are always busy. They can make up games from their imagination. They can make the smallest object into a fun toy. Third, children are passionate. When they want something, they demand it! All three of these qualities are important in life for adults, as well as children.

100 words

第1部 名言・名スピーチ編 ● No.1-6

和 訳

パウロ・コエーリョ
ブラジルの著作家、作詞家（1947– ）

子供は大人に教えることができる、3つのことを。理由なしに幸せでいること。いつも何かに夢中でいること。そして、要求する方法を知っていること、全力で、自分の望むことを。

まず、子供には、幸せでいるという天性の才能がある。彼らは幸せでいることができる、ほとんどどこでも、ほとんど何をしていても。2つめは、子供はいつも何かに夢中になっていること。彼らは遊びを考え出すことができる、想像力を働かせて。彼らはちょっとした物を、面白いおもちゃにできる。3つめは、子供には情熱があること。何かが欲しかったら、それを要求する！ これら3つの資質は人生において重要だ、大人にとって。子供だけでなく。

語句解説

- □ for no reason　理由なく
- □ be busy with　〜で忙しい
- □ how to ＋動詞　〜する方法
- □ demand　〜を要求する
- □ with all one's might　全力で
- □ desire　〜を望む
- □ have a natural gift for
  生まれながらに〜の才能がある
- □ make up　〜を作り出す
- □ imagination　想像力
- □ object　物体
- □ toy　おもちゃ
- □ passionate　情熱がある
- □ quality　資質
- □ A as well as B　Aはもちろんβも

目標タイム	Fastを聴く（1回目）	速音読 1	速音読 2	速音読 3	Fastを聴く（成果の確認）
30 秒	1・2・3・4・5	秒	秒	秒	1・2・3・4・5

45

自己最速を更新しよう！　Break Your Own Records!

1セクションごとの最高タイムから、音読のスピードを計算して、グラフに記入しよう。

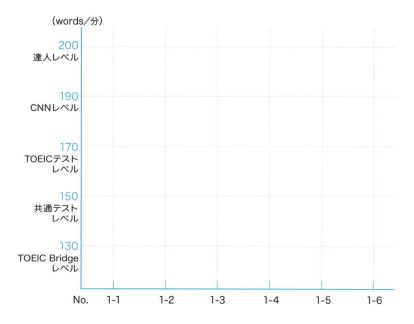

下記の ▢ 秒に、テキストごとの最高タイムを記入して計算すると、1分あたりのスピードがわかります。

No.		÷		=	
1-1	6360	÷	秒	=	words／分
1-2	5700	÷	秒	=	words／分
1-3	5700	÷	秒	=	words／分
1-4	4620	÷	秒	=	words／分
1-5	5460	÷	秒	=	words／分
1-6	6000	÷	秒	=	words／分

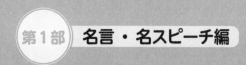
第1部　名言・名スピーチ編

Inspiring Words: *SUCCESS*

成功

Inspiring Words: **SUCCESS**

No. 2-1

Bob Dylan

American singer-songwriter (born 1941)

Fast   Slow

013   014

What's money? A man is a success if he gets up in the morning and goes to bed at night and in between does what he wants to do.

What does success mean? Some people think that success is having lots of money. The famous singer-songwriter Bob Dylan thinks of success in a different way. To Dylan, success means doing something you love. If you spend your days doing something you want to do, then you are successful. However, if you hate what you do each day, then you are not successful.

92 words

第1部　名言・名スピーチ編 • No.2-1

和　訳

ボブ・ディラン
アメリカのシンガー・ソングライター（1941– ）

金が何だ？　人間は成功者だ、朝起きて夜眠る、そしてその間にしたいことをしているなら。

成功とは何だろうか？　考える人もいる、成功とは金持ちになることだと。有名なシンガー・ソングライター、ボブ・ディランは成功のことを考えている、違った角度から。ディランにとって、成功は意味する、何か自分の好きなことをすることを。あなたがしたいことをして日々を過ごしているなら、あなたは成功者だ。でも、毎日自分がしていることが嫌いなら、あなたは成功者ではない。

語句解説

- □ success　成功（者）
- □ get up　起床する
- □ in the morning　朝に
- □ go to bed　寝る
- □ in between　（2 つのものの）間に
- □ does what he wants to do　彼がしたいことをする
- □ lots of　たくさんの

- □ famous　有名な
- □ in a different way　違う角度から
- □ spend one's days ＋動詞 ing　〜をして日々を過ごす
- □ hate　〜をひどく嫌う
- □ each day　毎日

目標タイム	Fastを聴く (1回目)	速音読 1	速音読 2	速音読 3	Fastを聴く (成果の確認)
27.6 秒	1・2・3・4・5	秒	秒	秒	1・2・3・4・5

49

Inspiring Words: SUCCESS

No. 2-2

Woody Allen

writer and movie director (born 1935)

Fast Slow

015   016

Eighty percent of success is showing up.

Sometimes work feels overwhelming. You feel like you have too much to do, too much stress, too much pressure! In times like this, it's tempting to not do anything. You may want to just stay home and hide in bed! That's when you should remember this Woody Allen quotation. The first and most important step to success is simply "showing up." In other words, get out of bed, get dressed, and go to the office! According to Allen, that is 80% of success right there. Success is impossible if you don't show up.

100 words

和 訳

ウディ・アレン
作家、映画監督（1935- ）

成功の80％は、自ら姿を見せることだ。

時として、仕事に押しつぶされそうに感じる。あなたは感じる、「やることが多すぎる」「ストレスが強すぎる」「プレッシャーが大きすぎる」と！ こんなときには、何もしたくなくなる。あなたは願うかもしれない、自宅にいて、ベッドにもぐっていたいと！

　そんな時には思い出そう、このウディ・アレンの言葉を。最初の、そして最も大事な成功へのステップは、ただ「姿を見せること」。つまり、ベッドから抜け出し、服を着て、仕事場に向かうことだ！ アレンによれば、成功の80％はここにあるのだという。成功は不可能だ、あなたが姿を見せなければ。

語句解説

- □ show up　姿を見せる
- □ feel overwhelming　（物が）圧倒的な感じを与える
- □ feel like　〜のように感じる
- □ pressure　プレッシャー
- □ in times like this　こんなときには
- □ it's tempting to ＋動詞　〜したくなる
- □ hide in bed　布団の中に隠れる
- □ in other words　言い換えると
- □ get out of　〜から出る
- □ get dressed　服を着る
- □ according to　〜によれば
- □ impossible　不可能な

Inspiring Words: *SUCCESS*

No. 2-3

Thomas Edison

American inventor (1847-1931)

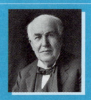

Fast 　Slow
017　　　018

Opportunity is missed by most people because it is dressed in overalls and looks like work.

"Why doesn't anything good ever happen to me?" Do you find yourself asking that question?

The truth is that good things are happening to you all the time, but you just don't recognize them. Maybe you expect opportunity to knock on your door and say, "Hello! I am your perfect opportunity, all ready for you!" If you expect great opportunities to happen easily, with no work required, you will be disappointed. Most great opportunities require hard work, patience, and imagination.

96 words

第1部 名言・名スピーチ編 • No.2-3

和 訳

トーマス・エジソン
アメリカの発明家（1847–1931）

チャンスは見逃される、大半の人から。なぜなら、チャンスは作業着を まとい、ひと仕事が必要に見えるからだ。

「なぜ何もいいことが起こらないのか、私には？」。自分に気づかないだろう か、そんな質問をしている？

　本当は、いいことが起こっている、あなたにいつでも。でも、あなたはそ れらに気づかないだけだ。多分あなたは期待しているのだろう、チャンスが 訪ねてきて言うことを、「こんにちは！ 私はあなたの最高のチャンスです、準 備は整っています！」と。あなたが期待しているなら、絶好のチャンスが簡 単に訪れると、苦労せずに。あなたは失望するだろう。ほとんどの絶好のチャ ンスは必要とするものだ、努力、忍耐、そして想像力を。

語句解説

- □ opportunity　チャンス
- □ be dressed in　～を着ている
- □ overall　（上下一体の）作業着
- □ happen　起こる
- □ find oneself +動詞 ing　 ～している自分に気づく
- □ truth　真実
- □ all the time　いつも

- □ recognize　～を認識する
- □ knock on one's door　訪ねてくる
- □ with no work required　 苦労せずに
- □ disappointed　失望した
- □ patience　忍耐

目標タイム	Fastを聴く (1回目)	速音読 1	速音読 2	速音読 3	Fastを聴く (成果の確認)
28.8 秒	1・2・3・4・5	秒	秒	秒	1・2・3・4・5

53

Inspiring Words: *SUCCESS*

No. 2-4

Steven Spielberg

filmmaker (born 1946)

Fast   Slow
019   020

> I don't dream at night… I dream all day; I'm dreaming for a living.

The power of your imagination has no end. It doesn't matter what the rest of your life is like. You can be young or old, rich or poor, healthy or sick. You still have your imagination and your creativity. So make time in your life to dream.

Dreaming is not a waste of time. Imagine big, wonderful things. Free your mind, and let your dreams take whatever shape they want. They will inspire you!

88 words

第1部 名言・名スピーチ編 • No.2-4

和 訳

スティーヴン・スピルバーグ
映画監督（1946– ）

私は、夜夢をみるのではない。私は、一日中夢をみている。私は夢をみているのだ、生きるために。

想像力には、終りはない。関係ないのだ、あなたの残りの人生がどのようなものかには。あなたが若くても年をとっていても、金持ちでも貧乏でも、健康でも病気でも。あなたは、まだ持っている、想像力と創造力を。だから、あなたの人生に時間を作ろう、夢をみるための。

　夢をみることは、時間の無駄ではない。大きく想像しよう、すてきなことを。心を解き放って、夢を自由自在に形にしよう。夢が、あなたにひらめきを与える！

語句解説

- □ living　生きていること
- □ imagination　想像力
- □ have no end　終りがない
- □ it doesn't matter　〜は関係ない
- □ the rest of　〜の残り
- □ creativity　創造力
- □ make time　時間を作る
- □ in one's life　人生において

- □ waste of time　時間の無駄
- □ imagine big　大きく想像する
- □ free one's mind　心を解き放つ
- □ take shape　形になる
- □ whatever　どんな〜でも
- □ inspire　（人）にひらめきを与える

目標タイム	Fastを聴く（1回目）	速音読 1	速音読 2	速音読 3	Fastを聴く（成果の確認）
26.4秒	1・2・3・4・5	秒	秒	秒	1・2・3・4・5

55

Inspiring Words: SUCCESS

No. 2-5

Mark Twain

American writer (1835-1910)

Fast   Slow

021   022

Keep away from people who try to belittle your ambitions. Small people always do that, but the really great make you feel that you, too, can become great.

If you have a "friend" who makes fun of your dreams, that person probably isn't a real friend. Does your "friend" act like your dreams are small or silly? Does he laugh at your plans and hopes for the future? If so, then you should end that friendship. Don't waste any more time!

81 words

第1部　名言・名スピーチ編 • No.2-5

和訳

マーク・トウェイン
アメリカの作家（1835–1910）

距離を置きなさい、あなたの大志をけなそうとする人間から。器の小さな人間は、いつもそのようなことをする。しかし、真に偉大な人間は、あなたに感じさせる、あなたも偉大な人間になれそうだと。

あなたに「友人」がいるなら、あなたの夢を笑いものにする。その人はおそらく本当の友人ではない。あなたの「友人」が振る舞うだろうか、あなたの夢が小さい、あるいは馬鹿げているかのように？　彼は笑うだろうか、あなたの将来の計画や夢を？　もしそうなら、その友情を終わりにすべきだ。これ以上、時間を無駄しないことだ！

語句解説

- □ keep away from
  〜から離れている
- □ belittle　〜をけなす
- □ ambition　大志
- □ the great　偉大な人
- □ make someone feel that
  （人）に〜だと感じさせる

- □ make fun of　〜を笑いものにする
- □ probably　おそらく
- □ act like　〜のように振る舞う
- □ silly　馬鹿げた
- □ laugh at　〜を笑う
- □ for the future　将来の
- □ friendship　友情

目標タイム	Fastを聴く（1回目）	速音読 1	速音読 2	速音読 3	Fastを聴く（成果の確認）
24.3 秒	1・2・3・4・5	秒	秒	秒	1・2・3・4・5

57

Inspiring Words: *SUCCESS*

No. 2-6

Michael Jordan

American basketball star (born 1963)

Fast   Slow

023   024

I've missed more than 9000 shots in my career. I've lost almost 300 games. 26 times, I've been trusted to take the game winning shot and missed. I've failed over and over and over again in my life. And that is why I succeed.

The people who become successful are the ones who don't give up, like Michael Jordan. When they fail, they say, "I failed today. I may fail tomorrow! So what? Everybody fails. So I won't give up. I'm not going to stop trying." These people accept the fact that they are going to fail. Amazingly enough, that's what helps them succeed.

104 words

第1部　名言・名スピーチ編 • No.2-6

和　訳

マイケル・ジョーダン
アメリカのバスケットボール選手（1963– ）

私は、9000回以上シュートを外した、これまでのキャリアで。私は、300回近く試合に敗れた。26回、私は勝敗を決めるシュートを任され、そして外した。私は、何度も何度も何度も失敗してきた、人生で。そして、それが私の成功の理由だ。

成功する人とは、あきらめない人だ、マイケル・ジョーダンのように。彼らは失敗したら、言うのだ、「今日は失敗した。明日も失敗するかもしれない！ それがどうした？ 誰だって失敗する。だから、私はあきらめない。挑戦を止めるつもりはない」と。このような人は、事実を受け入れている、自分が失敗するという。まったく驚くべきことに、それが彼らの成功を助けるのである。

語句解説

- □ career　生涯、生涯の仕事
- □ be trusted　信頼される
- □ game winning shot
　　勝利を決めるシュート
- □ fail　失敗する
- □ over and over again　何度も何度も
- □ succeed　成功する
- □ become successful　成功する

- □ give up　あきらめる
- □ So what?　それがどうした？
- □ stop +動詞 ing　〜することを止める
- □ accept　〜を受け入れる
- □ amazingly　驚くべきことに

目標タイム　31.2 秒	Fastを聴く（1回目）　1・2・3・4・5	速音読 1　　　秒	速音読 2　　　秒	速音読 3　　　秒	Fastを聴く（成果の確認）　1・2・3・4・5

59

自己最速を更新しよう！ Break Your Own Records!

1セクションごとの最高タイムから、音読のスピードを計算して、グラフに記入しよう。

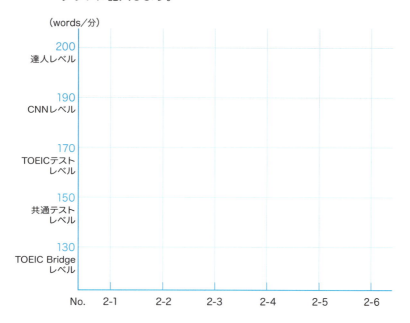

下記の　　　秒に、テキストごとの最高タイムを記入して計算すると、1分あたりのスピードがわかります。

No.						
2-1	5520	÷		秒 =		words／分
2-2	6000	÷		秒 =		words／分
2-3	5760	÷		秒 =		words／分
2-4	5280	÷		秒 =		words／分
2-5	4860	÷		秒 =		words／分
2-6	6240	÷		秒 =		words／分

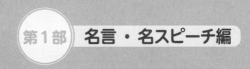

第1部　名言・名スピーチ編

Inspiring Words: LIFE

人生

Inspiring Words: LIFE

No. 3-1

Albert Einstein

Nobel Prize-winning scientist (1879-1955)

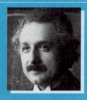

Fast   Slow
025   026

There are only two ways to live your life. One is as though nothing is a miracle. The other is as though everything is a miracle.

A miracle is an event that is amazing and out-of-the-ordinary. A miracle gives people a feeling of wonder. Every day you have a simple choice. You must choose how to live your life. You can live your life as though it is ordinary and boring. Or you can live your life as though it is a precious gift—as a miracle. Which choice leads to greater happiness, do you think?

96 words

第1部　名言・名スピーチ編 • No. 3-1

和 訳

アルベルト・アインシュタイン

物理学者（1879–1955）

たった2つの方法しかない、人生を生きるには。ひとつは、奇跡など存在しないかのように生きること。もうひとつは、すべてが奇跡であるかのように生きることだ。

奇跡とは出来事のことである、あっと驚くような非日常の。奇跡は人々に抱かせる、驚嘆の気持ちを。毎日、あなたにはシンプルな選択の機会がある。あなたは選ばなくてはいけない、どのように人生を生きるかを。あなたは人生を生きることができる、それが変わったことのない退屈なものであるかのように。あるいは、あなたは人生を生きることができる、人生が貴重な贈り物、奇跡であるかのように。どちらの選択が大きな幸せを導くのか、あなたはどう考えるだろうか？

語句解説

- □ live one's life　人生を生きる
- □ one ～ the other
　　一方は～、他方は～
- □ as though　あたかも～のように
- □ miracle　奇跡
- □ amazing　驚くような
- □ out-of-the-ordinary　非日常の

- □ wonder　不思議
- □ choice　選択（の機会）
- □ choose　選ぶ
- □ boring　退屈な
- □ precious　貴重な、高価な
- □ lead to　～に導く

目標タイム 28.8 秒	Fastを聴く （1回目） 1・2・3・4・5	速音読 1 秒	速音読 2 秒	速音読 3 秒	Fastを聴く （成果の確認） 1・2・3・4・5

63

Inspiring Words: LIFE

No. 3-2

Mick Jagger

pop star and lead singer of the Rolling Stones (born 1943)

Fast   Slow
027   028

The past is a great place and I don't want to erase it or to regret it, but I don't want to be its prisoner either.

Don't let yourself get stuck in the past, even if your past was great. It's tempting to live on the memory of your "glory days." It's fun to remember them. But that is a trap. If you spend all your time thinking about the past, you are wasting the present. The wise person looks ahead to the future.

84 words

第1部　名言・名スピーチ編 • No.3-2

和 訳

ミック・ジャガー
ポップスター、ローリング・ストーンズのリードボーカル（1943- ）

過去は素晴らしい場所だ。だから望まない、それを消すことも、後悔することも。しかし、過去の囚われ人にもなりたくない。

過去に囚われてはいけない、あなたの過去が素晴らしいものであったとしても。生きていたくなるだろう、「栄光の日々」の思い出に。それらを思い出すのは楽しいものだ。でも、それは罠なのだ。ずっと過去のことを考えて時間を過ごしていたら、現在を無駄にしている。賢明な人間は、未来に目を向けているものだ。

語句解説

- □ past　過去
- □ erase　～を消す
- □ regret　～を後悔する
- □ prisoner　囚人
- □ either　（否定文で）～もまた
- □ get stuck in　～に囚われる
- □ it's tempting to ＋動詞
　　～したくなる

- □ memory　思い出
- □ glory days　栄光の日々
- □ trap　罠
- □ spend one's time ＋動詞 ing　～して
　　時間を過ごす
- □ present　現在
- □ wise　賢い
- □ look ahead　前を向く

目標タイム	Fastを聴く (1回目)	速音読 1	速音読 2	速音読 3	Fastを聴く (成果の確認)
25.2 秒	1・2・3・4・5	秒	秒	秒	1・2・3・4・5

65

Inspiring Words: *LIFE*

No. 3-3

Bill Gates

founder of Microsoft (born 1955)

Fast   Slow
029   030

> Success is a lousy teacher. It seduces smart people into thinking they can't lose.

Everyone wants to be successful in business, and it's true that success is a wonderful thing. If you are successful, congratulations!

But be careful: success can make you over-confident. Remember that past success does not guarantee future success, even for the smartest, richest people in the world. Don't become lazy. To stay successful, you have to continue working hard.

73 words

第1部　名言・名スピーチ編 • No.3-3

和　訳

ビル・ゲイツ
マイクロソフト創業者（1955– ）

**成功は、最低の教師だ。賢い人間をそそのかして考えさせる、自分達は
失敗するはずがないと。**

誰もが仕事で成功したいと願う、そして確かに成功は素晴らしいことだ。あ
なたが成功しているなら、賞賛をおくろう！

　しかし、気を付けよう。成功は、あなたを自信過剰にすることがある。忘
れてはいけない、過去の成功は未来の成功を保証しないことを、世界で最高
の頭脳と富を持つ人間にとってすら。怠けてはいけない。成功者であり続け
るために、あなたは努力を続けなければならない。

語句解説

- □ lousy　最低の
- □ seduce someone into +動詞 ing
  （人）をそそのかして～させる
- □ smart　賢い
- □ successful　成功した
- □ it's true that　確かに～である
- □ congratulations
  （複数形で）おめでとう

- □ overconfident　自信過剰の
- □ remember　～を記憶にとどめる
- □ guarantee　～を保証する
- □ lazy　怠けた
- □ continue +動詞 ing
  ～することを続ける
- □ work hard　熱心に取り組む

目標タイム	Fastを聴く（1回目）	速音読 1	速音読 2	速音読 3	Fastを聴く（成果の確認）
21.9 秒	1・2・3・4・5	秒	秒	秒	1・2・3・4・5

67

No. 3-4

Lyndon B. Johnson

U.S. President (1908-1973)

Fast Slow

031   032

> We can draw lessons from the past, but we cannot live in it.

Think about your life. If you look back, you will remember mistakes you've made. Most of your mistakes were probably small; perhaps some of your mistakes were big.

Ask yourself: "What can I learn from my past mistakes? How can I avoid making the same mistake in the future?" Once you have answered these questions, let your old mistakes go. Stop thinking about them. Don't live in the past. Instead, focus on the future. That is the best use of your time.

95 words

第1部　名言・名スピーチ編 • No.3-4

和　訳

リンドン・B・ジョンソン
アメリカ合衆国大統領（1908–1973）

我々は、過去から教訓を引き出すことはできるが、過去に生きることはできない。

人生を考えてみよう。振り返ってみれば、自分のしてきた過ちが思い出されることだろう。ほとんどの過ちはおそらく些細なことだろうが、過ちのなかには重大ものもあるかもしれない。

　自分自身に問いかけてみよう。「自分のこれまでの過ちから何を学べるだろうか？ どうしたら同じ過ちを繰り返さずにすむだろうか、今後は？」。これらの答えを出したら、昔の過ちは流してしまおう。それらを考えるのをやめよう。過去に生きてはいけない。そうではなく、未来を見つめよう。それが時間の一番の有効活用だ。

語句解説

- □ draw lesson　教訓を引き出す
- □ look back　振り返る
- □ mistake　過ち
- □ most of　ほとんどの〜
- □ probably　おそらく
- □ ask oneself　自問する
- □ avoid ＋動詞 ing
    〜しないようにする
- □ in the future　今後は
- □ once　一度〜すれば
- □ instead　それよりも
- □ focus on　〜に集中する
- □ best use of　〜の最大活用

目標タイム	Fastを聴く （1回目）	速音読 1	速音読 2	速音読 3	Fastを聴く （成果の確認）
28.5 秒	1・2・3・4・5	秒	秒	秒	1・2・3・4・5

69

Inspiring Words: LIFE

No. 3-5

James M. Barrie

author of Peter Pan (1860-1937)

Fast Slow

033 034

Life is a long lesson in humility.

When you make a mistake, it can be difficult to admit that you are wrong. We all have our pride. Facing our mistakes takes humility—a humble spirit. It is always better to admit your mistake and say "sorry." An apology will also set you free. An apology can heal hurt feelings. It can fix broken relationships. An apology can put you back on the road to success.

Everyone makes mistakes. That is part of being human. But only wise people understand the importance of admiting and apologizing for our mistakes.

98 words

第1部 名言・名スピーチ編 • No.3-5

和 訳

ジェームズ・M・バリー
『ピーター・パン』の作者（1860–1937）

人生とは、謙虚さを学ぶ長い授業である。

過ちを犯したとき、認めるのは難しいものだ、自分が悪かったと。我々には
みな、プライドがある。自分の間違いと向き合うことは必要とする、謙虚に
なること、謙譲の気持ちを。常にする方がいい、自分の間違いを認めて、「す
まない」と言うことを。謝罪はまた、あなたを解放する。謝罪で、傷ついた
気持ちを癒すことができる。謝罪で、破綻した関係を修復することができる。
謝罪は、あなたを戻すことができる、成功の道へと。

　誰もが過ちを犯す。それが人間であるということだ。しかし、賢明な人間
だけが重要さを理解している、自分の過ちを認めて謝るということの。

語句解説

- □ lesson in　〜の授業
- □ humility　謙虚
- □ make a mistake　間違いを犯す
- □ admit　〜を認める
- □ face　〜と向き合う
- □ take　〜を必要とする
- □ humble spirit　謙譲の気持
- □ It is better to ＋動詞　〜する方が良い
- □ apology　謝罪
- □ set someone free　（人）を解放する
- □ heal　〜を癒す
- □ hurt feeling　傷ついた感情
- □ fix　〜を修復する
- □ broken relationship　壊れた関係
- □ put back　〜を戻す
- □ the road to success　成功への道程

目標タイム	Fastを聴く (1回目)	速音読 1	速音読 2	速音読 3	Fastを聴く (成果の確認)
29.4 秒	1・2・3・4・5	秒	秒	秒	1・2・3・4・5

71

Inspiring Words: LIFE

No. 3-6

Muhammad Ali
American boxer (1942-2016)

Fast Slow

035 036

> The man who views the world at fifty the same as he did at twenty has wasted thirty years of his life.

At its best, life is one long learning experience. There are always ways to grow and develop as people. But sometimes it is tempting to resist growth and change. Let's face it: all the growth and change can be very tiring! Life feels simpler and less stressful when we stop learning, ignore new information, and avoid new experiences. But that is a mistake.

85 words

第1部 名言・名スピーチ編 • No.3-6

和 訳

モハメド・アリ
アメリカのボクサー（1942–2016）

世界を見ている人間は、50歳の時に20歳の時と同じように、人生の30年を無駄にしている。

最高の生き方をすれば、人生は1本の長い授業になる。常に方法があるのだ、人として成長し向上するための。しかし時として、抵抗したくなることがある、成長や変化に。率直に言えば、どんな成長も変化も苦痛を伴う！ 人生はもっとシンプルでストレスの少ないものになる、我々が学ぶのをやめ、新しい情報を無視し、新しい経験を避ければ。しかし、それは間違いだ。

語句解説

- □ view　〜を見る
- □ at fifty　50歳で
- □ the same as　〜と同じように
- □ at its best　最高の状態で
- □ learning experience
　学習経験
- □ grow　成長する
- □ develop　発展する
- □ resist　〜に抵抗する
- □ let's face it　率直に言おう
- □ tiring　骨の折れる
- □ feel　〜のような気がする
- □ stressful　ストレスの多い
- □ ignore　〜を無視する

目標タイム	Fastを聴く (1回目)	速音読 1	速音読 2	速音読 3	Fastを聴く (成果の確認)
25.5 秒	1・2・3・4・5	秒	秒	秒	1・2・3・4・5

73

自己最速を更新しよう！ Break Your Own Records!

1セクションごとの最高タイムから、音読のスピードを計算して、グラフに記入しよう。

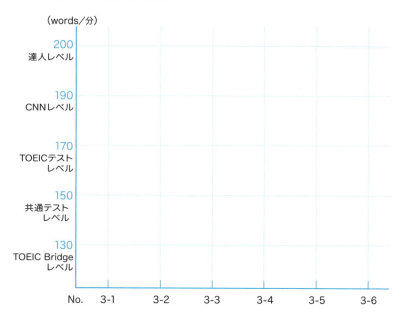

下記の □ 秒に、テキストごとの最高タイムを記入して計算すると、1分あたりのスピードがわかります。

No. 3-1	5760 ÷	秒 =	words／分
3-2	5040 ÷	秒 =	words／分
3-3	4380 ÷	秒 =	words／分
3-4	5700 ÷	秒 =	words／分
3-5	5880 ÷	秒 =	words／分
3-6	5880 ÷	秒 =	words／分

第1部　名言・名スピーチ編

Inspiring Words: *LEADERSHIP*

リーダー

Inspiring Words: *LEADERSHIP*

No. 4-1

Johann Wolfgang von Goethe

German writer and thinker (1749-1832)

Fast Slow

037   038

Dream no small dreams for they have no power to move the hearts of men.

Do you want to be a leader? Do you want to inspire other people? If you do, then you need to "dream big," not small. You need to be bold, not cautious. The best leaders have big dreams and big plans. In other words, they are ambitious! They want to change the world, start revolutions, and aim for the stars.

75 words

第1部　名言・名スピーチ編 • No.4-1

和訳

ヨハン・ヴォルフガング・フォン・ゲーテ
ドイツの作家、思想家（1749–1832）

小さな夢を見るな。小さな夢には力がないのだから、人の心を動かす。

あなたはリーダーになりたいだろうか？ 人をひっぱっていきたいだろうか？ もしそう思うなら、「大きな夢を見る」ことが必要だ、小さな夢ではなく。あなたは大胆であることが必要だ、慎重ではなく。最高のリーダーは持っている、大きな夢と大きな計画を。別な言葉で言えば、彼らには大志がある！ 彼らは願う、世界を変えたい、革命を起こしたいと、そして理想に向かって前進する。

語句解説

- □ dream a dream　夢を見る
- □ for　というわけは～だから（接続詞）
- □ leader　リーダー
- □ inspire　（人）を鼓舞する
- □ bold　大胆な
- □ cautious　慎重な
- □ in other words　言い換えれば
- □ ambitious　大志を抱いた
- □ revolution　革命
- □ aim for　～を目指して進む
- □ star　星（運命・希望・理想の象徴）

目標タイム 22.5 秒	Fastを聴く（1回目） 1・2・3・4・5	速音読 1 秒	速音読 2 秒	速音読 3 秒	Fastを聴く（成果の確認） 1・2・3・4・5

Inspiring Words: *LEADERSHIP*

No. 4-2

Antoine de Saint-Exupéry

French pilot and author (1900-1944)

Fast 039

Slow 040

If you want to teach someone to sail, you don't teach them how to build a boat. You compel them to long for the open seas.

Imagine you are a teacher, and you want to inspire students to write great books. It isn't enough to teach them how to hold a pen or how to write the letters of the alphabet. As a teacher, you need to help your students fall in love with stories. That is how you start them on the path toward becoming writers of great books.

90 words

第1部 名言・名スピーチ編 ● No. 4-2

和 訳

アントワーヌ・ド・サン＝テグジュペリ
フランスの操縦士、作家（1900–1944）

人に航海することを教えたいなら、彼らに教えてはいけない、船の造り方を。あなたは彼らに切望させるのだ、広い海を。

あなたが先生だとしよう、そしてあなたは考えている、生徒を奮起させて名作を書かせたいと。彼らに教えるだけでは足りない、ペンの持ち方やアルファベットの書き方を。先生として、あなたは手助けしなければならない、生徒が本を大好きになることを。そうして、あなたは生徒に第一歩を歩ませることができる、偉大な作家を目指す道のりの。

語句解説

- □ sail　航海する
- □ compel someone to ＋動詞
  （人）に強制して～させる
- □ long for　～を切望する
- □ open sea　広い海、大海
- □ imagine　～を想像する
- □ inspire someone to ＋動詞
  （人）を奮起させて～させる
- □ hold a pen　ペンを持つ
- □ letters of the alphabet
  アルファベット文字
- □ how to ＋動詞　～する方法
- □ fall in love with　～を大好きになる
- □ story　物語
- □ that is how　そのようにして
- □ start　（人）をスタートさせる
- □ path toward　～への道

目標タイム　27 秒	Fastを聴く（1回目）　1・2・3・4・5	速音読 1　　　　秒	速音読 2　　　　秒	速音読 3　　　　秒	Fastを聴く（成果の確認）　1・2・3・4・5

79

Inspiring Words: LEADERSHIP

No. 4-3

Barack Obama

U.S. President (born 1961)

Fast Slow
041   042

Change will not come if we wait for some other person, or if we wait for some other time. We are the ones we've been waiting for. We are the change that we seek.

If you wait for "the perfect moment" to make the change, that moment will never arrive. If you wait for "the perfect person" to help you change something, you will be waiting forever.

You are the person you've been waiting for. If you want to change something in your life, there is nothing stopping you. So don't wait any longer. Get started now. Make the change!

100 words

第1部 名言・名スピーチ編 ● No.4-3

和 訳

バラク・オバマ
アメリカ合衆国大統領（1961– ）

変化は訪れない、我々が誰かを待っていたら、あるいは別の機会を待っていたら。我々自身が「誰か」なのだ、待ち望んでいる。我々自身が変化なのだ、捜し求めている。

待っていても、変化を起こすための「絶好の瞬間」を、そんな瞬間は決してやってこない。待っていたら、何かを変えるのを助けてくれる「最適な人間」を、永遠に待ち続けることになる。

　あなた自身が「誰か」なのだ、あなたが待っている。人生の何かを変えたいと思ったら、あなたを止めるものは何もない。だから、もう待つことはない。今すぐ始めよう。変化を起こそう！

語句解説

- □ change　変化
- □ wait for　〜を待つ
- □ some other time　また別の機会
- □ one
　前出の person を指している代名詞
- □ seek　〜を探し求める
- □ perfect moment　絶好の瞬間
- □ perfect person　ぴったりの人物
- □ make the change　変化を起こす
- □ forever　永遠に
- □ not any longer　これ以上〜ない
- □ get started　始める

目標タイム　30秒	Fastを聴く (1回目)　1・2・3・4・5	速音読 1　　秒	速音読 2　　秒	速音読 3　　秒	Fastを聴く (成果の確認)　1・2・3・4・5

81

Inspiring Words: *LEADERSHIP*

No. 4-4

Victor Hugo

French writer (1802-1888)

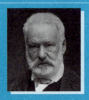

Fast 043

Slow 044

> There is one thing stronger than all the armies in the world, and that is an idea whose time has come.

Ideas are powerful things. The right idea at the right time is the most powerful of all. If you have a great idea but few resources (like money or connections), don't worry. Instead, trust in the power of your idea. If your idea is truly great, other people will recognize it. They will get excited about your idea, too. It will inspire them. Soon, with their help, you will be able to get the other resources you need. Then you can make your idea into reality!

107 words

第1部　名言・名スピーチ編 • No.4-4

和 訳

ビクトル・ユーゴー
フランスの作家（1802–1888）

強いものがひとつある、世界中の軍隊より。それはアイデアである、時宜を得た。

アイデアは、影響力を持つものだ。時宜を得た的確なアイデアには、最強の力がある。もし素晴らしいアイデアがあるなら、たとえ資金や人脈などの資源が乏しくても、心配しなくていい。それより、自分のアイデアの力を信じよう。あなたのアイデアが本当に素晴らしければ、他の人がそれを認めるだろう。彼らは、あなたのアイデアに夢中にさえなるだろう。あなたのアイデアは、彼らを動機付けるだろう。ほどなく、彼らの助けで、あなたは必要な資源が得られるようになる。それで、アイデアを実現できるのだ！

語句解説

- □ army　軍隊
- □ whose time has come
  　〜の時機到来だ
- □ powerful　影響力のある
- □ right idea　的確なアイデア
- □ at the right time　時宜を得た
- □ resource　資源

- □ connection　人脈
- □ instead　その代わり
- □ trust in　〜を信じる
- □ recognize　〜を認める
- □ get excited about
  　〜に夢中になる
- □ reality　現実

目標タイム	Fastを聴く（1回目）	速音読 1	速音読 2	速音読 3	Fastを聴く（成果の確認）
32.1 秒	1・2・3・4・5	秒	秒	秒	1・2・3・4・5

83

Inspiring Words: *LEADERSHIP*

No. 4-5

Peter Drucker

business thinker and consultant (1909-2005)

Fast 045

Slow 046

Ideas are somewhat like babies—they are born small, immature, and shapeless. They are promise rather than fulfillment. In the innovative company, executives do not say, "This is a damn-fool idea." Instead they ask, "What would be needed to make this embryonic, half-baked, foolish idea into something that makes sense, that is an opportunity for us?"

When ideas are first born, they aren't very useful or well-formed. They need a lot of care! They need to be nurtured slowly. They need to be developed patiently. Eventually, your little idea will grow into something big and helpful and fully-formed.

98 words

第1部 名言・名スピーチ編 • No. 4-5

和 訳

ピーター・ドラッカー
経営の第一人者、コンサルタント（1909–2005）

アイデアは赤ん坊のようなものだ。それらは、小さく生まれ、未熟で、形も定まらない。それらは希望だ、実現というより。革新的な企業で、幹部は決して言わない、「これは馬鹿げたアイデア」と。代わりに彼らは尋ねる、「いったい何が必要なのか、この生まれたばかりで、不完全で、滑稽なアイデアを変えるために。意味があり、我々のビジネスチャンスとなるものに？」と。

アイデアが誕生したとき、それらはあまり有益でないか、十分に練られていない。それらは、たくさん手をかけてやる必要がある！ ゆっくりと育まれることが必要だ。あせらずに形作られることが必要だ。そうすれば、あなたの小さなアイデアは成長する、大きくて有益でしっかりした形のあるものに。

語句解説

- somewhat like 〜にやや似ている
- immature 未熟な
- shapeless 形のない
- promise 明るい見通し
- rather than 〜よりはむしろ
- fulfillment 実現
- innovative 革新的な
- executive 幹部
- damn-fool 馬鹿げた
- embryonic 初期の
- half-baked 不完全な
- make sense 意味をなす、道理にかなう
- opportunity 機会、チャンス
- well-formed よくまとめられた
- be nurtured 育まれる
- patiently 忍耐強く
- eventually そうすれば
- fully-formed 形がしっかりした

目標タイム	Fastを聴く（1回目）	速音読 1	速音読 2	速音読 3	Fastを聴く（成果の確認）
29.4 秒	1・2・3・4・5	秒	秒	秒	1・2・3・4・5

85

Inspiring Words: *LEADERSHIP*

No. 4-6

Nelson Mandela

President of South Africa and Nobel Peace Prize winner
(1918-2013)

Fast   Slow

047   048

A leader... is like a shepherd. He stays behind the flock, letting the most nimble go out ahead, whereupon the others follow, not realizing that all along they are being directed from behind.

The most successful leaders don't always lead from the front. Sometimes it is smarter for a leader to lead quietly from behind. In these situations, a leader is like a shepherd, guiding his sheep or goats. The shepherd lets the smartest, strongest animals go first. Then the others happily follow.

83 words

第1部 名言・名スピーチ編 • No.4-6

和 訳

ネルソン・マンデラ
南アフリカ大統領 (1918–2013)

指導者とは、羊飼いのようなものだ。彼は群れの後ろにいる、最も機転の利く者に先頭を行かせて。それで他の者はついて行く。気付かずに、ずっと彼らは後ろから導かれていることに。

最も大きな成功している指導者は、いつも前から導くばかりではない。時として、指導者にとって賢い判断なことがある、後ろから静かに導くことが。この場合、指導者は羊飼いのようなものだ、羊やヤギを率いる。羊飼いは、一番賢くて、強い動物を先に歩かせる。そうすれば、あとの動物は喜んでついていく。

語句解説

- □ shepherd　羊飼い
- □ stay behind　後ろにいる
- □ flock　群れ
- □ the most nimble　最も機転が利く者
- □ ahead　前方に
- □ whereupon　そうすると
- □ all along　最初からずっと

- □ from behind　後ろから
- □ from the front　前から
- □ in these situations　このような場合
- □ guide　〜を導く
- □ sheep　羊
- □ goat　ヤギ

目標タイム	Fastを聴く (1回目)	速音読 1	速音読 2	速音読 3	Fastを聴く (成果の確認)
24.9 秒	1・2・3・4・5	秒	秒	秒	1・2・3・4・5

87

自己最速を更新しよう！ Break Your Own Records!

1セクションごとの最高タイムから、音読のスピードを計算して、グラフに記入しよう。

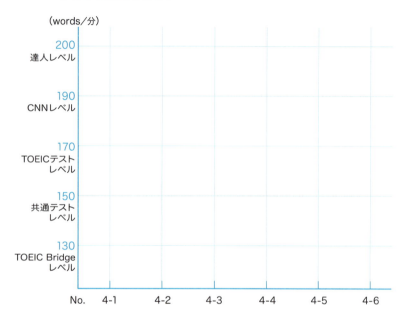

下記の　　　秒に、テキストごとの最高タイムを記入して計算すると、1分あたりのスピードがわかります。

No. 4-1	4500	÷		秒	=		words/分
4-2	5400	÷		秒	=		words/分
4-3	6000	÷		秒	=		words/分
4-4	6420	÷		秒	=		words/分
4-5	5880	÷		秒	=		words/分
4-6	4980	÷		秒	=		words/分

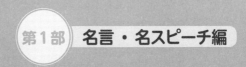

Inspiring Words: BEAUTY

Inspiring Words: BEAUTY

No. 5-1

Sophia Loren

Italian movie actress (born 1934)

Fast 049

Slow 050

There is a fountain of youth; it is your mind, your talents, the creativity you bring to your life and the lives of the people you love. When you learn to tap this source, you will have truly defeated age.

Everyone's bodies get older. But there is another way to think about youth. Youth is also a way of thinking. If you keep your mind alive, if you stay active and creative, if you keep loving and growing, then you will always be young inside. That is the true fountain of youth.

92 words

第1部　名言・名スピーチ編 • No.5-1

和訳

ソフィア・ローレン
イタリアの映画女優（1934– ）

青春の泉があります。それは、あなたの心、あなたの才能、あなたがささげる創造力です、自分の人生と愛する人たちの人生に。あなたがこの泉から水を汲み出すことを学んだとき、あなたは真に老いに打ち克つでしょう。

だれの身体も老いていく。しかし、もうひとつの考え方がある、若さについて。若さもまた、考え方なのだ。生き生きとした心を保っていれば、精力的に動き、創造力を発揮し続けていれば、愛し、育むことを続けていれば、あなたの内面は常に若い。それが真の青春の泉である。

語句解説

- □ fountain　泉
- □ youth　青春
- □ talent　才能
- □ creativity　創造力
- □ bring to　～に持ち込む
- □ tap　～を注ぐ
- □ source　水源
- □ defeat　～を打ち負かす
- □ age　年齢
- □ get older　年を取る
- □ active　精力的な
- □ creative　創造力豊かな
- □ inside　内面で

目標タイム	Fastを聴く（1回目）	速音読 1	速音読 2	速音読 3	Fastを聴く（成果の確認）
27.6秒	1・2・3・4・5	秒	秒	秒	1・2・3・4・5

Inspiring Words: *BEAUTY*

No. 5-2

Audrey Hepburn

movie actress (1929-1993)

Fast   051

Slow   052

For beautiful eyes, look for the good in others; for beautiful lips, speak only words of kindness; and for poise, walk with the knowledge that you are never alone.

Movie actress Audrey Hepburn was one of the most beautiful women in the world. She had both outer and inner beauty. Most people have seen photos of Hepburn when she was young—and yes, she was very, very lovely. But take a look at a photo of Hepburn in her later life… You'll see that she was even more beautiful. As she grew older, her inner beauty shone brighter and brighter.

100 words

第1部　名言・名スピーチ編 • No. 5-2

和訳

オードリー・ヘプバーン
映画女優（1929–1993）

美しい瞳が欲しいなら、他人の美点を探すことです。美しい唇が欲しいなら、いつも思いやりの言葉を話すことです。美しい身のこなしのためには、意識をして歩くことです、独りきりになることはないのだと。

映画女優オードリー・ヘプバーンは、世界で最も美しい女性のひとりである。彼女は外面と内面、両方の美を備えていた。ほとんどの人が写真を見たことがあるだろう、若かりし頃のヘプバーンの。そう、彼女は本当に美しかった。しかし、ヘプバーンの写真を見ると、晩年の彼女の。あなたは気付くだろう、彼女がいっそう美しいことに。年齢を重ねるたびに、彼女の内なる美はますます輝いていったのだ。

語句解説

- for 〜を得ようとして
- look for 〜を探す
- lip 唇
- kindness 思いやり
- poise 美しい身のこなし
- knowledge 認識
- alone 独りで
- outer 外面の
- inner 内面の
- take a look at 〜をちょっと見る
- in one's later life 晩年に
- shone shine「輝く」の過去形
- brighter and brighter ますます輝く

目標タイム　30秒　｜ Fastを聴く（1回目） 1・2・3・4・5 ｜ 速音読 1 　秒 ｜ 速音読 2 　秒 ｜ 速音読 3 　秒 ｜ Fastを聴く（成果の確認） 1・2・3・4・5

93

Inspiring Words: *BEAUTY*

No. 5-3

Ernest Hemingway

American writer (1899-1961)

Fast   Slow

053   054

> When people talk, listen completely. Most people never listen.

Next time you are having a conversation, try listening completely to what that person says. Pay attention. Listen to them with all of your mind. Keep your body still. Keep your eyes on their face. Don't play with your phone or computer. Just listen.

You will be amazed by what happens next. The other person will be so happy to have your complete attention. You will learn so much more from the conversation. You will discover the power of listening completely.

90 words

第1部　名言・名スピーチ編 • No. 5-3

和　訳

アーネスト・ヘミングウェイ
アメリカの作家（1899–1961）

人が話しているときは、徹底的に聞こう。ほとんどの人は、聞く耳を持たない。

次に会話をするときには、試しに徹底的に聞いてみよう、その人が話すことを。集中して。話を聞く、心をこめて。身体を動かさずに。相手の顔をしっかり見て。電話もコンピューターをいじらずに。ひたすら話を聞こう。

　あなたはきっと驚かされる、次に起こることに。相手はとても喜ぶだろう、あなたが完全に意識を向けてくれたことに。あなたは、ずっと多くのことを学ぶだろう、その会話から。あなたは知るだろう、徹底的に聞くことの力を。

語句解説

- □ completely　徹底的に
- □ next time　次に～するときには
- □ have a conversation　会話する
- □ try +動詞ing　試しに～してみる
- □ pay attention　集中する
- □ mind　心、精神

- □ still　じっとして
- □ keep an eye on　～から目を離さない
- □ play with　～で遊ぶ
- □ be amazed by　～に驚かされる
- □ happen　起こる
- □ other person　相手

目標タイム　**27**秒	Fastを聴く (1回目)　1・2・3・4・5	速音読 1　　秒	速音読 2　　秒	速音読 3　　秒	Fastを聴く (成果の確認)　1・2・3・4・5

Inspiring Words: **BEAUTY**

No. 5-4

Coco Chanel

French fashion designer (1883-1971)

Fast Slow

055 056

> In order to be irreplaceable, one must always be different.

Coco Chanel was one of the most stylish women of her time. Even today, many years after her death, her style inspires people all over the world. The fashion company she created, Chanel, remains a leader in style, too. What made Coco Chanel so special—so irreplaceable? Chanel wasn't afraid to be different. She created clothing that no one else had dreamed of. She wore her bold new clothes without embarrassment or apology. She knew that the most lasting beauty is the beauty that is different, unique, one-of-a-kind.

98 words

第1部　名言・名スピーチ編 • No.5-4

和訳

ココ・シャネル
フランスのファッション・デザイナー（1883–1971）

かけがえのない存在であるためには、人は常に異なっていなければなりません。

ココ・シャネルは、最もスタイリッシュな女性のひとりであった、その時代。今日でもなお、亡くなってから長い年月がたった後も、彼女のスタイルは世界中の人々に影響を与えている。彼女の創設したファッションブランド、シャネルも、流行の先頭であり続けている。何がココ・シャネルをしたのだろうか、これほど特別で、かけがえのない存在に？ シャネルは、人と異なることを恐れなかった。彼女は作った、他の誰として思いつかなかった服を。彼女は、大胆で新しい服を着こなした、恥ずかしがらず、弁明することもなく。彼女は知っていた、最も変わらない美しさとは、異なり、独自性があり、他に類のない美しさであると。

語句解説

- □ in order to +動詞　～するために
- □ irreplaceable　かけがえのない
- □ one　人
- □ stylish　洗練された
- □ all over the world　世界中の
- □ remain　～として残る
- □ in style　流行の
- □ clothing　衣料
- □ wore　wear「～を着る」の過去形
- □ bold　大胆な
- □ clothes　衣服
- □ embarrassment　きまり悪さ
- □ apology　弁明
- □ lasting　永続する
- □ one-of-a-kind　他に類のない

目標タイム　29.4 秒	Fastを聴く（1回目）　1・2・3・4・5	速音読 1　　　　　秒	速音読 2　　　　　秒	速音読 3　　　　　秒	Fastを聴く（成果の確認）　1・2・3・4・5

97

Inspiring Words: *BEAUTY*

No. 5-5

Madonna

singer, songwriter, and international pop star (born 1958)

Fast Slow

057   058

If your joy is derived from what society thinks of you, you're always going to be disappointed.

If the source of your happiness is other people's approval, then you will always be disappointed. You will never get 100% approval from society or other people. There will always be someone who doesn't like you or what you do.

That's why you can't depend on other people's approval to make you feel good about yourself. The source of your happiness must come from inside you.

83 words

第1部　名言・名スピーチ編 • No.5-5

和 訳

マドンナ
シンガーソング・ライター、国際的ポップスター（1958– ）

あなたの喜びが得られるものだとしたら、世間の評価から。あなたはいつも失望することになるでしょう。

幸せの源が他者からの支持だとしたら、あなたはいつも失望することになる。あなたが100％支持を得ることは決してない、世間や他者から。いつもいるだろう、あなたのことやあなたの行動を好ましく思わない誰かが。

　だから、他者からの支持に頼ることはできない、自分自身を満足させるために。幸せの源は、あなたの内から出てこなくてはならない。

語句解説

- □ joy　喜び
- □ be derived from　〜に由来する
- □ society　世間（の人々）
- □ disappointed　失望した
- □ source　源
- □ approval　支持

- □ what you do　あなたがすること
- □ that's why　だから〜である
- □ depend on　〜に頼る
- □ feel good about　〜について良い気分である
- □ inside　内側に

目標タイム	Fastを聴く（1回目）	速音読 1	速音読 2	速音読 3	Fastを聴く（成果の確認）
24.9 秒	1・2・3・4・5	秒	秒	秒	1・2・3・4・5

99

Inspiring Words: BEAUTY

No. 5-6

Marilyn Monroe

actress and movie star (1926-1962)

Fast Slow

059   060

I believe that everything happens for a reason. People change so that you can learn to let go, things go wrong so that you appreciate them when they're right, you believe lies so you eventually learn to trust no one but yourself, and sometimes good things fall apart so better things can fall together.

When something goes wrong, what do you do? Do you cry? Do you complain? Maybe instead you should consider this idea: everything happens for a reason. If you look at life this way, you will start to find valuable lessons in everything.

96 words

第1部　名言・名スピーチ編 • No.5-6

和　訳

マリリン・モンロー
女優、映画スター（1926–1962）

信じているわ、全てのことは理由があって起こると。人は変化するの、
あなたが忘れることを学ぶために。物事は失敗するの、うまくいって
いるときに感謝するために。ウソを信じるのは、結局のところ、自分以
外、誰も信じられないということを学ぶため。そして時に、良いことが
砕け散るわ。もっと素晴らしいことが、みんなひとつになって起こるた
めに。

なにかが失敗した時、あなたならどうするだろうか？ 泣くだろうか？ 文句を
言うだろうか？ たぶん代わりに、この考えを考慮すべきだ。全てのことは、
理由があって起こる。このように人生を見れば、価値ある教訓を見出し始め
るだろう、すべてのことに。

語句解説

□ for a reason　理由があって
□ so (that)　〜するために
□ learn to let go　忘れることを学ぶ
□ go wrong　失敗する
□ appreciate　〜を感謝する
□ lie　うそ

□ eventually　結局は
□ fall apart　崩壊する
□ fall together　ひとつになる
□ complain　不満を言う
□ consider　〜を考慮する
□ valuable　価値ある

目標タイム	Fastを聴く（1回目）	速音読 1	速音読 2	速音読 3	Fastを聴く（成果の確認）
28.8 秒	1・2・3・4・5	秒	秒	秒	1・2・3・4・5

101

自己最速を更新しよう！

Break Your Own Records!

1セクションごとの最高タイムから、音読のスピードを計算して、グラフに記入しよう。

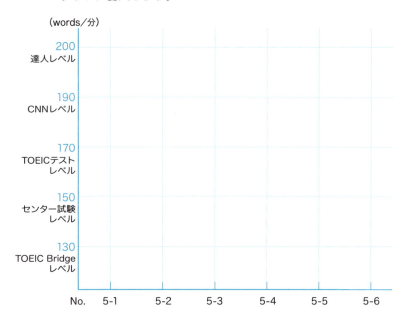

下記の　　　秒に、テキストごとの最高タイムを記入して計算すると、1分あたりのスピードがわかります。

No. 5-1	5520	÷		秒	=		words/分
5-2	6000	÷		秒	=		words/分
5-3	5400	÷		秒	=		words/分
5-4	5880	÷		秒	=		words/分
5-5	4980	÷		秒	=		words/分
5-6	5760	÷		秒	=		words/分

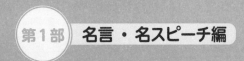

第1部　名言・名スピーチ編

Inspiring Words: *HAPPINESS*

Inspiring Words: **HAPPINESS**

No. 6-1

His Holiness the 14th
Dalai Lama
(born 1935)

Fast   Slow

061   062

> **H**appiness is not something ready made. It comes from your own actions.

It's so important to think about your actions in the world. If you are unhappy in your life, don't blame other people. Don't blame the world! Instead, if you are unhappy, stop and think about what you do. Think about how you treat other people. You will probably discover that your own actions are the true cause of your unhappiness. Change your actions, and happiness will follow.

79 words

第1部　名言・名スピーチ編 ● No.6-1

和 訳

ダライ・ラマ14世
(1935–)

**幸福は、出来合いのものではない。それは、自らの行いから生まれるの
だ。**

考えることがとても大切である、周囲の人々の中での自分の行いを。あなた
がこれまで人生において不幸だとしたら、他人を責めないことだ。世間の人々
を責めてはならない！ 代わりに、あなたが不幸なら、立ち止まって、自分が
していることを考えよう。他人をどのように扱っているか考えよう。おそら
く気付くだろう、自分自身の行いが不幸の真の原因であると。行いを改めよ
う、そうすれば、幸福がやってくる。

語句解説

- □ ready made　既成の
- □ come from　〜に由来する
- □ action　行い
- □ the world　世間の人々
- □ in one's life　一生を通じて
- □ blame　〜を非難する
- □ stop and think
  立ち止まって考える
- □ treat　〜を扱う
- □ probably　おそらく
- □ cause　原因
- □ follow　（結果として）次に来る

目標タイム	Fastを聴く （1回目）	速音読 1	速音読 2	速音読 3	Fastを聴く （成果の確認）
23.7 秒	1・2・3・4・5	秒	秒	秒	1・2・3・4・5

105

Inspiring Words: **HAPPINESS**

No. 6-2

John Lennon

English singer-songwriter, member of the Beatles (1940-1980)

Fast   Slow

063   064

We've got this gift of love, but love is like a precious plant. You can't just accept it and leave it in the cupboard or just think it's going to get on by itself. You've got to keep watering it. You've got to really look after it and nurture it.

Love is alive. It is not an object like a beautiful painting or a precious stone. Love is a living thing. And like any living thing, love needs nourishment. It needs constant care.

83 words

第1部　名言・名スピーチ編 • No.6-2

和　訳

ジョン・レノン
イギリスのシンガー・ソングライター、ビートルズのメンバー（1940–1980）

僕たちは、この愛という贈り物をもらうけれど、愛は尊い苗木のような
ものだ。いけないのだ、ただ受け取って、戸棚の中にしまっておいた
り、勝手に育つだろうと思っては。あなたは、それに水をやり続けなけ
ればいけない。あなたは、一生懸命世話をして、育てなければいけない
のだ。

愛は、生きている。それは物体ではない、美しい絵画や宝石のような。愛は、
生きものだ。そして、すべての生きものと同じく、愛には栄養が必要だ。い
つも手をかけてあげることが必要だ。

語句解説

- □ precious　貴重な
- □ plant　苗木、植物
- □ accept　〜を快く受け取る
- □ cupboard　戸棚
- □ get on　育つ
- □ by itself　ひとりでに
- □ have got to ＋動詞
  　〜しなければならない
- □ keep watering　水をやりつづける

- □ look after　〜の世話をする
- □ nurture　〜を育てる
- □ alive　生きている
- □ object　物体
- □ precious stone　宝石
- □ nourishment　栄養
- □ constant　休みなく続く
- □ care　世話

目標タイム	Fastを聴く （1回目）	速音読 1	速音読 2	速音読 3	Fastを聴く （成果の確認）
24.9 秒	1・2・3・4・5	秒	秒	秒	1・2・3・4・5

107

Inspiring Words: **HAPPINESS**

No. 6-3

Reverend Martin Luther King, Jr.
American civil-rights activist (1929–1968)

We must develop and maintain the capacity to forgive. He who is devoid of the power to forgive is devoid of the power to love. There is some good in the worst of us and some evil in the best of us. When we discover this, we are less prone to hate our enemies.

Most importantly, if we lose the ability to forgive, we lose the ability to love. And without the ability to love, we lose what makes us human.

81 words

第1部　名言・名スピーチ編 • No.6-3

和 訳

マーティン・ルーサー・キング・ジュニア牧師
アメリカ公民権運動の活動家（1929–1968）

我々は身に付け持ち続けなければならない、赦す能力を。赦す力のない人には、愛する力がない。最悪の人間にも何か取り柄があり、最高の人間にも悪いところがある。このことを悟れば、敵を憎む気持ちが薄れる。

最も大切なことは、赦す能力を失ったら、愛する能力も失ってしまうことだ。そして、愛する能力がなければ、我々が人であるゆえんを失うのだ。

語句解説

- □ develop　〜を身に付ける
- □ maintain　〜を維持する
- □ capacity　能力
- □ forgive　赦す
- □ he who　人（は誰でも）
- □ be devoid of　〜を欠いている
- □ evil　（道徳上）悪い
- □ discover　〜を悟る

- □ be prone to +動詞
  〜する傾向がある
- □ hate　〜を憎む
- □ enemy　敵
- □ most importantly
  最も重要なことには
- □ ability　能力
- □ what makes us human
  我々を人間たらしめるもの

目標タイム	Fastを聴く (1回目)	速音読 1	速音読 2	速音読 3	Fastを聴く (成果の確認)
24.3 秒	1・2・3・4・5	秒	秒	秒	1・2・3・4・5

109

Inspiring Words: HAPPINESS

No. 6-4

Julia Roberts

movie star (born 1967)

Fast Slow

067 068

> You know it's love when all you want is that person to be happy, even if you're not part of their happiness.

How do you know if you really love someone? To find out, answer this question: do you want that person to be happy, even if that means being happy without you? Real love often means sacrifice. It means putting the other person's needs first. It means doing what's best for that person, even if it's hard for you. If you really love someone, then you will make these sacrifices joyfully.

92 words

第1部 名言・名スピーチ編 • No.6-4

和 訳

ジュリア・ロバーツ
映画女優（1967– ）

それが愛なのよ。あなたの望みのすべては、あの人が幸せであること。たとえあなたが彼らの幸せに含まれていなかったとしても。

どうしたら分かるだろうか、あなたが誰かを本当に愛しているかどうかを？確認するためには、この質問に答えるといい。その人に幸せであって欲しいだろうか、たとえそれが意味しても、あなたが含まれない幸せであることを？真実の愛は、得てして犠牲を意味する。それは意味する、相手の望みを優先することを。それは意味する、その人にとって最高のことをすることを、どんなに自分が辛くても。あなたが誰かを本当に愛しているなら、喜んでこうした犠牲を払うだろう。

語句解説

- □ you know （文頭で）ねぇ
- □ all you want 望みのすべて
- □ that person あの人
- □ even if たとえ〜であっても
- □ be not part of 〜の一部ではない
- □ how do you know どうして分かるのか
- □ find out 調べる
- □ sacrifice 犠牲
- □ put someone's needs first （人）の要求を最優先する
- □ hard 辛い
- □ joyfully 喜んで

目標タイム 27.6 秒	Fastを聴く（1回目） 1・2・3・4・5	速音読 1 秒	速音読 2 秒	速音読 3 秒	Fastを聴く（成果の確認） 1・2・3・4・5

111

Inspiring Words: **HAPPINESS**

No. 6-5

Lao Tzu

Chinese philosopher (circa 600 B.C.)

Fast Slow

069 070

By letting it go, it all gets done. The world is won by those who let it go. But when you try and try, you cannot win. Then, the world is beyond winning.

Happiness is possible only when we give up our need for control. So, stop trying to control everything and everyone around you—events, situations, friends, family, coworkers. Instead, just let them be. Accept them the way they are. You will quickly discover how much better you feel!

80 words

第1部　名言・名スピーチ編 • No.6-5

和 訳

老子
中国の哲学者（B.C.600頃）

放っておくことで、みんなうまくいく。世界は勝ち取られる、放っておく者によって。ところが、必死になると、勝ち取れない。だから、世界を勝ち取ることができないのだ。

幸せは可能になる、コントロールの欲求をあきらめたときだけ。だから、コントロールしようとするのをやめよう、自分の周りのあらゆる物やあらゆる人——出来事、状況、友人、家族、同僚などを。代わりに、そっとそのままにしておこう。それらをあるがまま受け入れよう。あなたはすぐに気付くだろう、ずっと気が楽なことに！

語句解説

- □ let it go　放っておく
- □ get done　うまくいく
- □ be won by
　　〜によって勝ち取られる
- □ beyond winning
　　勝ち取ることが出来ない
- □ possible　あり得る
- □ give up　〜をあきらめる

- □ need for　〜の欲求
- □ control　管理する、支配する
- □ event　出来事
- □ situation　状況
- □ coworker　同僚
- □ the way they are　そういう状態で
- □ feel better　気が楽になる

目標タイム	Fastを聴く (1回目)	速音読 1	速音読 2	速音読 3	Fastを聴く (成果の確認)
24 秒	1・2・3・4・5	秒	秒	秒	1・2・3・4・5

113

Inspiring Words: **HAPPINESS**

No. 6-6

Sir Winston Churchill

British prime minister (1874-1965)

Fast Slow

071   072

When I look back on all these worries, I remember the story of the old man who said on his deathbed that he had had a lot of trouble in his life, most of which had never happened.

Most of the bad things we worry about never actually happen. That's why worrying a lot is a big waste of time. It's sad when people worry and get stressed easily. They are spending precious hours, days, and years worrying about imaginary things!

81 words

第1部 名言・名スピーチ編 • No.6-6

和 訳

ウィンストン・チャーチル
イギリス首相 (1874–1965)

このような悩み事を思い返すとき、私はある老人の話を思い出す。彼は
死の床でこう言った、「私の人生は悩み事でいっぱいだった、その多く
は、実際には起こらなかったが」と。

我々が心配している悪いことのほとんどは、実際には起こらない。だから、
心配しすぎるのは、大いなる時間の無駄である。嘆かわしいことだ、心配し
てストレスを感じやすくなるのは。人々は過ごしている、貴重な何時間、何
日、何年を、想像上のことを心配して！

語句解説

- □ look back on ～を振り返る
- □ worry 悩みの種
- □ deathbed 死の床
- □ trouble 悩み
- □ happen 起こる
- □ worry about ～を心配する

- □ actually 実際は
- □ waste of time 時間の無駄
- □ get stressed ストレスを感じる
- □ precious 貴重な
- □ imaginary things
  想像上のこと

目標タイム	Fastを聴く (1回目)	速音読 1	速音読 2	速音読 3	Fastを聴く (成果の確認)
24.3 秒	1・2・3・4・5	秒	秒	秒	1・2・3・4・5

115

自己最速を更新しよう！

Break Your Own Records!

1セクションごとの最高タイムから、音読のスピードを計算して、グラフに記入しよう。

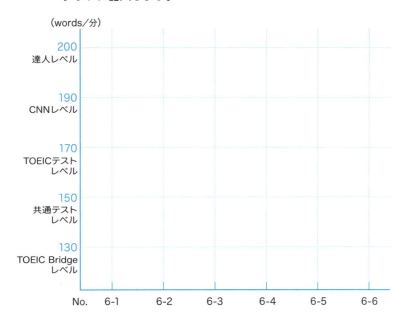

下記の　　　秒に、テキストごとの最高タイムを記入して計算すると、1分あたりのスピードがわかります。

No. 6-1	4740	÷		秒	=		words/分
6-2	4980	÷		秒	=		words/分
6-3	4860	÷		秒	=		words/分
6-4	5520	÷		秒	=		words/分
6-5	4800	÷		秒	=		words/分
6-6	4860	÷		秒	=		words/分

第2部 **アメリカ大統領のスピーチ編**

US President's speech:No.1

大統領のスピーチ①

US president's speech

No. 1-1

Abraham Lincoln
First Inaugural Address
March 4, 1861

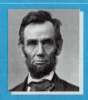

Fast Slow

073   074

Apprehension seems to exist among the people of the Southern States that by the accession of a Republican administration their property and their peace and personal security are to be endangered. There has never been any reasonable cause for such apprehension. Indeed, the most ample evidence to the contrary has all the while existed and been open to their inspection. It is found in nearly all the published speeches of him who now addresses you.

75 words

第2部　大統領のスピーチ編 ● No. 1-1

和　訳

エイブラハム・リンカーン
第1期就任演説
1861年3月4日

　不安があるようです、南部諸州の人々の間には。共和党政権の到来によって、彼らの財産と平和と個人の保障が脅かされようとしているという。妥当な理由などありませんでした、そうした不安には。実際には、それとは反対の十分な証拠が、終始存在し、いつでも調べることができたのです。その証拠は見られます、ほとんどのすべての公の演説の中に、今あなたに演説している私の。

語句解説

- □ inaugural address　就任演説
- □ apprehension　不安
- □ accession　（地位への）到達
- □ Republican　共和党員
- □ administration　政権
- □ property　財産
- □ endanger　～を危険にさらす
- □ reasonable cause　妥当な理由

- □ indeed　実際には
- □ ample evidence　十分な証拠
- □ to the contrary　それとは反対に
- □ all the while　その間ずっと
- □ inspection　調査
- □ published　公開された
- □ address　（人）に演説する

目標タイム **22.5**秒	Fastを聴く (1回目) 1・2・3・4・5	速音読 1 秒	速音読 2 秒	速音読 3 秒	Fastを聴く (成果の確認) 1・2・3・4・5

119

US president's speech

No. 1-2

Abraham Lincoln
Gettysburg Address (1)
November 19, 1863

Four score and seven years ago our fathers brought forth on this continent, a new nation, conceived in Liberty, and dedicated to the proposition that all men are created equal.

Now we are engaged in a great civil war, testing whether that nation, or any nation so conceived and so dedicated, can long endure. We are met on a great battle-field of that war. We have come to dedicate a portion of that field, as a final resting place for those who here gave their lives that that nation might live. It is altogether fitting and proper that we should do this.

102 words

第2部　大統領のスピーチ編 ● No.1-2

和 訳

エイブラハム・リンカーン
ゲティスバーグ演説 (1)
1863年11月19日

　87年前、我々の祖先は生み出しました。この大陸に、新しい国を。自由の理念から考え出された。そして、信条に捧げられた、万人が平等に創られたという。

　今、我々は大きな内戦の最中にあり、試練にあります。その国が、あるいは他の国（同じく考え出され、同じ信条に捧げられた）が、長く存続できるのかという。我々は集っています、その戦いの偉大な戦場に。我々はやって来たのです。その戦場の一部を捧げるために、最後の安息の地として。自分の命を捧げた人たちのために、国が生き延びるようにと。全く適切なことです、我々がこうすべきことは。

語句解説

- □ score　20
- □ bring forth　〜を生み出す
- □ conceive　〜を考え出す
- □ dedicate　〜を捧げる
- □ proposition　命題
- □ be engaged in　〜に携わっている
- □ civil war　内戦

- □ whether　〜かどうか
- □ endure　持続する
- □ battle-field　戦場
- □ a portion of　〜の一部
- □ altogether　全く
- □ fitting and proper　適切な

目標タイム	Fastを聴く (1回目)	速音読 1	速音読 2	速音読 3	Fastを聴く (成果の確認)
30.6 秒	1・2・3・4・5	秒	秒	秒	1・2・3・4・5

121

US president's speech

No. 1-3

Abraham Lincoln
Gettysburg Address (2)
November 19, 1863

It is for us the living, rather, to be dedicated here to the unfinished work which they who fought here have thus far so nobly advanced. It is rather for us to be here dedicated to the great task remaining before us—that from these honored dead we take increased devotion to that cause for which they gave the last full measure of devotion—that we here highly resolve that these dead shall not have died in vain—that this nation, under God, shall have a new birth of freedom—and that government of the people, by the people, for the people, shall not perish from the earth.

108 words

第2部　大統領のスピーチ編 • No.1-3

和 訳

エイブラハム・リンカーン
ゲティスバーグ演説 (2)
1863年11月19日

　我々にとっての生き方です、むしろ、ここで身を捧げることこそ。未完の事業に、この地で戦った人々がこれまで気高く進めてきた。むしろ我々のためなのです、ここで身を捧げることは。偉大な事業に、我々の前に残された——それは、名誉ある戦死者から、我々が受け継ぐことです、一層の献身を。大義に対する、彼らが死を尽くした献身を捧げた——それは、ここで我々が強く決意することです、戦死者の死を無駄にしないことを——それは、この国が、神のもとに、自由の新しい誕生を迎えることです。そして、人民の人民による人民のための政府が、地上から滅びないことです。

語句解説

- □ rather　むしろ
- □ be dedicated to　～のために尽くす
- □ thus far　これまで
- □ nobly　気高く
- □ advance　～を前へ進める
- □ remaining　残りの
- □ honored　名誉ある
- □ increased　さらなる
- □ devotion　献身
- □ take from　～受け継ぐ
- □ cause　大義
- □ last full measure of　死を尽くした
- □ highly resolve　強く決意する
- □ in vain　無駄に
- □ perish　滅びる

目標タイム	Fastを聴く (1回目)	速音読 1	速音読 2	速音読 3	Fastを聴く (成果の確認)
32.4 秒	1・2・3・4・5	秒	秒	秒	1・2・3・4・5

123

US president's speech

No. 1-4

Abraham Lincoln
Second Inaugural Address (1)
March 4, 1865

Both read the same Bible and pray to the same God, and each invokes His aid against the other. It may seem strange that any men should dare to ask a just God's assistance in wringing their bread from the sweat of other men's faces, but let us judge not, that we be not judged. The prayers of both could not be answered. That of neither has been answered fully.

70 words

第2部　大統領のスピーチ編 • No. 1-4

和 訳

エイブラハム・リンカーン
第2期就任演説 (1)
1865年3月4日

　（南北の）双方が同じ聖書を読み、同じ神に祈りを捧げます。そして、どちらも神の助けを請うています、相手に対抗して。奇妙なことに思えるかもしれません、誰もが神の助けをずうずうしく求めることは。パンを奪おうとするのに、他人が額に汗して稼いだ。しかし、我々は裁かないようにしましょう、我々が裁かれないように。双方の祈りがかなえられることはないでしょう。どちらの祈りも、完全にかなえられてはいないのです。

語句解説

- □ Bible　聖書
- □ pray　祈る
- □ invoke　（神の加護）を求める
- □ aid　援助
- □ against the other
  相手に対抗して
- □ should dare to do　ずうずうしく〜
  するとは

- □ assistance　援助
- □ wring　（財産）を奪う
- □ the sweat of one's face　額の汗
- □ judge　〜を裁く
- □ prayer　祈り
- □ neither　どちらも〜ない
- □ fully　完全に

目標タイム	Fastを聴く (1回目)	速音読 1	速音読 2	速音読 3	Fastを聴く (成果の確認)
21 秒	1・2・3・4・5	秒	秒	秒	1・2・3・4・5

125

US president's speech

No. 1-5

Abraham Lincoln
Second Inaugural Address (2)
March 4, 1865

With malice toward none, with charity for all, with firmness in the fight as God gives us to see the right, let us strive on to finish the work we are in, to bind up the nation's wounds, to care for him who shall have borne the battle and for his widow and his orphan, to do all which may achieve and cherish a just and lasting peace among ourselves and with all nations.

74 words

第2部　大統領のスピーチ編 • No.1-5

和 訳

エイブラハム・リンカーン
第2期就任演説 (2)
1865年3月4日

　誰に対しても悪意をいだかず、すべての人に慈悲の心を持ち、揺るがないことです。神が我々に与える戦いにおいて、正義を目にするための。努力しましょう、我々が取りかかっている仕事をやり遂げることに。国家の傷をいやすことに。世話をすることに、戦いに耐えるものや未亡人、孤児の。すべてのことをすることに、獲得し育むための。公正かつ永続的な平和を、我々と世界中の国々に。

語句解説

- □ malice　悪意
- □ charity　慈悲
- □ firmness　断固とした態度
- □ right　正義
- □ strive　努力する
- □ bind up a wound　傷口を縫合する
- □ care for　〜の世話をする

- □ borne
  bear「〜に耐える」の過去分詞
- □ widow　未亡人
- □ orphan　孤児
- □ achieve　〜を獲得する
- □ cherish　〜を育てる
- □ just and lasting peace
  公正かつ永続的な平和

目標タイム	Fastを聴く (1回目)	速音読 1	速音読 2	速音読 3	Fastを聴く (成果の確認)
22.2 秒	1・2・3・4・5	秒	秒	秒	1・2・3・4・5

127

US president's speech

No. 1-6

Ulysses S. Grant
Second Inaugural Address
March 4, 1873

Fast Slow

083 084

The effects of the late civil strife have been to free the slave and make him a citizen. Yet he is not possessed of the civil rights which citizenship should carry with it. This is wrong, and should be corrected. To this correction I stand committed, so far as Executive influence can avail.

Social equality is not a subject to be legislated upon, nor shall I ask that anything be done to advance the social status of the colored man, except to give him a fair chance to develop what there is good in him, give him access to the schools, and when he travels let him feel assured that his conduct will regulate the treatment and fare he will receive.

121 words

第2部　大統領のスピーチ編 • No. 1-6

和　訳

ユリシーズ・S・グラント
第2期就任演説
1873年3月4日

　先の内戦の要点は、奴隷を解放し、市民にすることでした。それでもなお、奴隷は公民権を持っていないのです、市民として持つべき。これは過ちであり、正されるべきです。この是正のために、私は最大限の努力をします、政府の影響が及びうる限りの。

　社会的平等は、法で定められるものではありません。そして、私が求めるものでもありません。何かがなされることを、有色人種の社会的地位を向上させるために。公正な機会を与えることを除いて、その人の内なる美徳を発達させるための。そして、学校へ行く権利を与えることを。また、遠出する際に、保証されていると感じることを。（肌の色ではなく）品行によって決まることが、自分が受ける待遇は。

語句解説

- □ **effect**　要点
- □ **civil strife**　内戦
- □ **yet**　けれども
- □ **be possessed of**　～を持っている
- □ **civil rights**　公民権
- □ **citizenship**　市民としての身分
- □ **stand committed**　熱心に取り組む
- □ **Executive**　行政府

- □ **avail**　効力がある
- □ **be subject to**　～に影響を受ける
- □ **legislate**　～を法で規定する
- □ **assured**　保証された
- □ **conduct**　行為
- □ **regulate**　～を規定する
- □ **treatment and fare**　待遇

目標タイム	Fastを聴く (1回目)	速音読 1	速音読 2	速音読 3	Fastを聴く (成果の確認)
36.3 秒	1・2・3・4・5	秒	秒	秒	1・2・3・4・5

US president's speech

No. 1-7

Theodore Roosevelt
Inaugural Address
March 4, 1905

Fast   Slow

085   086

Toward all other nations, large and small, our attitude must be one of cordial and sincere friendship. We must show not only in our words, but in our deeds, that we are earnestly desirous of securing their good will by acting toward them in a spirit of just and generous recognition of all their rights. But justice and generosity in a nation, as in an individual, count most when shown not by the weak but by the strong. While ever careful to refrain from wrongdoing others, we must be no less insistent that we are not wronged ourselves. We wish peace, but we wish the peace of justice, the peace of righteousness. We wish it because we think it is right and not because we are afraid.

127 words

和訳

セオドア・ルーズベルト
就任演説

1905年3月4日

　全ての国家に対して、大小を問わず。我々の態度は、心のこもった誠実な友情の態度でなければなりません。我々は示さなければならないのです、言葉だけでなく、行いで。我々が真剣に望んでいることを、友好関係を守ることを。行動することによって、各国に対して。公正かつ寛大に認めるという精神で、各国のすべての権利を。一方で、国家の正義と寛大さは、個人のそれと同じように、最も重視されます。示されるときに、弱者ではなく、強者によって。常に注意する一方で、他国に対する不正な行為をしないよう。我々は、また断固としていなければなりません、自国に対して不正をしないよう。我々は平和を願っています。しかし、我々は願っているのです。正義による平和、公正さによる平和を。我々はそれを望んでいます。それが正しいと思うからです、我々が（戦いを）恐れているからではなく。

語句解説

- □ cordial　心のこもった
- □ sincere　誠実な
- □ deed　行い
- □ earnestly　真剣に
- □ be desirous of　～を望む
- □ secure　～を守る
- □ good will　友好
- □ generous　寛大な
- □ recognition　正当性の認識
- □ count　重視する
- □ refrain from doing　～することを控える
- □ no less　同様に
- □ insistent　断固たる
- □ wrong　～を不当に取り扱う
- □ righteousness　公正

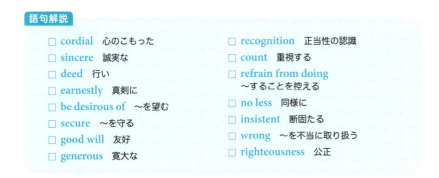

US president's speech

No. 1-8

Woodrow Wilson
Message on Neutrality
August 20, 1914

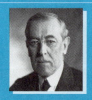

Fast Slow

087   088

I venture, therefore, my fellow countrymen, to speak a solemn word of warning to you against that deepest, most subtle, most essential breach of neutrality which may spring out of partisanship, out of passionately taking sides. The United States must be neutral in fact as well as in name during these days that are to try men's souls. We must be impartial in thought as well as in action, must put a curb upon our sentiments as well as upon every transaction that might be construed as a preference of one party to the struggle before another.

97 words

和訳

ウッドロウ・ウィルソン

中立のメッセージ

1914年8月20日

　私はあえてします、それゆえ、国民のみなさんに。話すことを、みなさんへの重大な警告の言葉を。最も難解で、最も微妙で、最も本質的な中立違反に対しての。生まれるかもれない、党派心から、そして積極的に味方することから。合衆国は中立であるべきです、名実ともに。今日において、人間の魂が試される。我々は公平であるべきです、思考において、そして行動において。抑制すべきです、感情を。そしてすべてのやり取りを、解釈されるかもしれない。支持であると、紛争の一方の側への、もう一方ではなく。

語句解説

- neutrality　中立状態
- venture to do　あえて〜する
- one's fellow countrymen　自国の人々
- solemn　重大な
- subtle　微妙な
- breach　違反
- spring out of　〜生じる
- partisanship　党派心
- passionately　熱烈に
- take sides　どちらか一方の側につく
- impartial　公平な
- put a curb upon　〜を抑制する
- be construed as　〜と解釈される
- preference　（好みによる）選択
- struggle　紛争

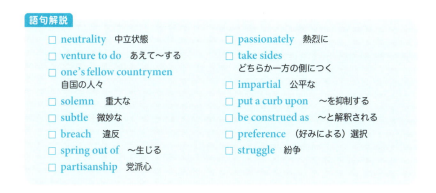

Woodrow Wilson
"A World League for Peace" Speech
January 22, 1917

I am proposing, as it were, that the nations should with one accord adopt the doctrine of President Monroe as the doctrine of the world: that no nation should seek to extend its polity over any other nation or people, but that every people should be left free to determine its own polity, its own way of development, unhindered, unthreatened, unafraid, the little along with the great and powerful.

I am proposing that all nations henceforth avoid entangling alliances which would draw them into competitions of power, catch them in a net of intrigue and selfish rivalry, and disturb their own affairs with influences intruded from without.

第2部　大統領のスピーチ編 • No.1-9

和 訳

ウッドロウ・ウィルソン
「国際平和機構」演説　1917年1月22日

　私は提案します、強いて言えば、国々は一斉に受け入れるべきだと。モンロー大統領の政策（モンロー主義）を、世界の政策として。いかなる国も拡大しようとすべきでないという、自国の政治形態を他国や人々に。むしろ、すべての人々は、自由に決めるべきだという。自国の政治形態、自国の発展の道筋を。妨げられず、脅されず、恐れずに。小さな国も、大きく強い国と同様に。

　私は提案します、全ての国が、これより避けることを。問題に巻き込む同盟関係を、国々を力の競争に引きずり込み、陰謀と利己的な対立のわなに捕らえる。さらに、自国の問題を混乱させる、外部からの影響力で。

語句解説

- □ as it were　言ってみれば
- □ with one accord　一斉に
- □ doctrine　政策
- □ polity　政治形態
- □ unhindered　妨げられない
- □ unthreatened　脅されない
- □ along with　～と並んで
- □ henceforth　ただ今より
- □ entangling alliance　問題に巻き込む同盟
- □ intrigue　陰謀
- □ rivalry　対立
- □ affair　問題
- □ influence　影響
- □ intrude　～を押し付ける
- □ from without　外部から

目標タイム 32.1秒	Fastを聴く (1回目) 1・2・3・4・5	速音読 1 秒	速音読 2 秒	速音読 3 秒	Fastを聴く (成果の確認) 1・2・3・4・5

135

自己最速を更新しよう！ Break Your Own Records!

1セクションごとの最高タイムから、音読のスピードを計算して、グラフに記入しよう。

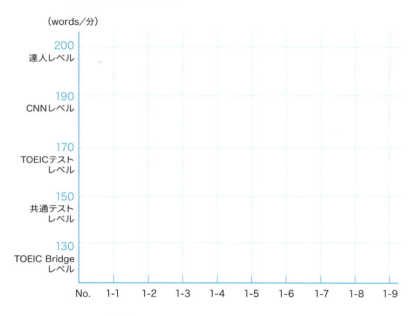

下記の ▢ 秒に、テキストごとの最高タイムを記入して計算すると、1分あたりのスピードがわかります。

No. 1-1	4500	÷	秒	=	words／分
1-2	6120	÷	秒	=	words／分
1-3	6480	÷	秒	=	words／分
1-4	4200	÷	秒	=	words／分
1-5	4440	÷	秒	=	words／分
1-6	7260	÷	秒	=	words／分
1-7	7620	÷	秒	=	words／分
1-8	5820	÷	秒	=	words／分
1-9	6420	÷	秒	=	words／分

第2部 アメリカ大統領のスピーチ編

US President's speech:No.2

大統領のスピーチ 2

US president's speech

No. 2-1

Herbert Hoover
Remarks upon Proclaiming the Treaty for the Renunciation of War (Kellog-Briand Pact)
July 24, 1929

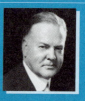

Fast　Slow
091　092

In April 1928, as a result of discussions between our Secretary of State of the United States and the Minister of Foreign Affairs of France, the President directed Secretary Kellogg to propose to the nations of the world that they should enter into a binding agreement as follows:

"Article 1—The high contracting parties solemnly declare in the names of their respective peoples that they condemn recourse to war for the solution of international controversies, and renounce it as an instrument of national policy in their relations with one another.

"Article 2—The high contracting parties agree that the settlement or solution of all disputes or conflicts of whatever nature or of whatever origin they may be, which may arise among them, shall never be sought except by pacific means."

130 words

第2部　大統領のスピーチ編 • No. 2-1

和 訳

ハーバート・フーヴァー
不戦条約の宣言についての発言 (ケロッグ=ブリアン条約)　1929年7月24日

1928年4月、議論を受けて、合衆国国務長官とフランスの外務大臣の。大統領はケロッグ長官に指示しました、提案するよう。世界の国々に、合意を締結すべきだと、以下の。

「第1条──締約国は厳粛に宣言する、各国の国民の名において。戦争に頼ることを非難すると、国際紛争の解決策として。そして、戦争を放棄すると。国家政策の手段として、他国との関係における」

「第2条──締約国は同意する。すべての論争や紛争の合意や解決が（どんな性質や原因であれ、締約国間で生じる）決して求められないことに、平和的な手段以外で」

語句解説

- □ Secretary of State　国務長官
- □ enter into a binding agreement　合意を締結する
- □ article　条項
- □ high contracting parties　締約国
- □ solemnly　厳粛に
- □ respective　それぞれの
- □ condemn　〜を非難する
- □ recourse to　〜に頼る
- □ international controversy　国際紛争
- □ renounce　〜を放棄する
- □ instrument of national policy　国家政策の手段
- □ settlement　合意
- □ nature　性質
- □ origin　原因
- □ pacific means　平和的手段

目標タイム　39 秒	Fastを聴く (1回目)　1・2・3・4・5	速音読 1　　　秒	速音読 2　　　秒	速音読 3　　　秒	Fastを聴く (成果の確認)　1・2・3・4・5

139

US president's speech

No. 2-2

Franklin D. Roosevelt
State of the Union (Four Freedoms)
January 6, 1941

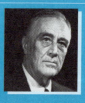

Fast   Slow

093   094

For there is nothing mysterious about the foundations of a healthy and strong democracy. The basic things expected by our people of their political and economic systems are simple. They are:

Equality of opportunity for youth and for others.

Jobs for those who can work.

Security for those who need it.

The ending of special privilege for the few.

The preservation of civil liberties for all.

The enjoyment of the fruits of scientific progress in a wider and constantly rising standard of living.

These are the simple, basic things that must never be lost sight of in the turmoil and unbelievable complexity of our modern world. The inner and abiding strength of our economic and political systems is dependent upon the degree to which they fulfill these expectations.

128 words

和訳

フランクリン・D・ルーズベルト
一般教書演説（4つの自由）
1941年1月6日

　何も謎めいたことはないのですから、健全で強固な民主主義の基盤について。人々から期待される基本的なこと（政治・経済体制に関する）は、単純です。それらは、以下です。

　機会均等、若者とそれ以外の人々への。
　仕事、働ける人々への。
　安全、それを必要とする人々への。
　特権の終結、少数の人々への。
　市民の自由の保護、全ての人々への。
　科学進歩の成果の享受、広範囲で絶えず向上する生活水準の中での。

　これらは、単純で基本的なことです、決して見失われてはいけない。混乱と信じられないほどの複雑さの中で、現代社会における。内なる不変の強さ（政治・経済体制の）は、依拠するのです。度合に、人々が期待をかなえた。

語句解説

- State of the Union　一般教書演説
- foundation　基盤
- equality　平等
- privilege　特権
- preservation　保護
- civil liberty　市民の自由
- enjoyment of the fruits of　〜の成果の享受
- scientific progress　科学的進歩
- standard of living　生活水準
- lose sight of　〜を見失う
- turmoil　混乱
- complexity　複雑さ
- abiding　不変の
- degree　度合
- fulfill expectations　期待をかなえる

目標タイム 38.4秒 | Fastを聴く（1回目） 1・2・3・4・5 | 速音読1 　秒 | 速音読2 　秒 | 速音読3 　秒 | Fastを聴く（成果の確認） 1・2・3・4・5

US president's speech

No. 2-3

Dwight D. Eisenhower
Farewell Address
January 17, 1961

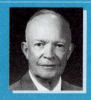

Fast

095

Slow

096

In the councils of government, we must guard against the acquisition of unwarranted influence, whether sought or unsought, by the military-industrial complex. The potential for the disastrous rise of misplaced power exists and will persist.

We must never let the weight of this combination endanger our liberties or democratic processes. We should take nothing for granted. Only an alert and knowledgeable citizenry can compel the proper meshing of the huge industrial and military machinery of defense with our peaceful methods and goals, so that security and liberty may prosper together.

90 words

第2部　大統領のスピーチ編 ● No.2-3

和 訳

ドワイト・D・アイゼンハワー

辞任演説
1961年1月17日

　政府の委員会において、我々は阻止しなければなりません。不当な影響力の獲得を、意図されたものであろうとなかろうと、軍産複合体による。悲劇的出現の可能性（間違って与えられた権力の）は、存在し持続するでしょう。

　我々は、決して許してはなりません。この複合体の影響力が危うくすることを、自由や民主主義のプロセスを。何事も当然だと思ってはいけません。警戒心を持ち見識ある市民のみが強いることができるのです、適切な調和を。巨大な軍産複合体と、我々の平和的手段や目的との。安全と自由が、ともに繁栄するように。

語句解説

- □ guard against　〜を防ぐ
- □ acquisition　獲得
- □ unwarranted　不当な
- □ whether sought or unsought
  意図されたものであろうとなかろうと
- □ military-industrial complex
  軍産複合体
- □ disastrous　悲惨な
- □ persist　持続する
- □ weight　影響力

- □ take nothing for granted
  何事も当然と考えない
- □ knowledgeable　聡明な
- □ citizenry　市民
- □ compel　〜を強制する
- □ mesh　調和する
- □ industrial and military machin-
  ery of defense　軍産複合体
- □ prosper　繁栄する

目標タイム	Fastを聴く（1回目）	速音読 1	速音読 2	速音読 3	Fastを聴く（成果の確認）
27 秒	1・2・3・4・5	秒	秒	秒	1・2・3・4・5

143

US president's speech

No. 2-4

John F. Kennedy
The Goal of Sending a Man to the Moon
May 25, 1961

Fast Slow

097   098

I therefore ask the Congress, above and beyond the increases I have earlier requested for space activities, to provide the funds which are needed to meet the following national goals:

First, I believe that this nation should commit itself to achieving the goal, before this decade is out, of landing a man on the moon and returning him safely to the earth. No single space project in this period will be more impressive to mankind, or more important for the long-range exploration of space; and none will be so difficult or expensive to accomplish.

94 words

第2部　大統領のスピーチ編 • No. 2-4

和 訳

ジョン・F・ケネディ
人類を月へ送る目標

1961年5月25日

　私は、よって議会に求めます。宇宙活動の増額（私が以前に要求した）に加えて、資金提供を行うことを。達成するために、次の国家目標を。

　まず、私は確信しています。我が国は確約すべきであると、目標を達成することを。この10年が終わる前に、人類を月に着陸させ、そして地球に安全に帰還させるという。いかなる宇宙計画も、この期間に存在しないでしょう、より人類に強い印象を残すものは。あるいはより重要なものは、長期の宇宙探査において。そして無いでしょう、非常に困難で高額なものは、達成のために。

語句解説

- □ Congress　アメリカ連邦議会
- □ above and beyond　〜に加えて
- □ space activities　宇宙活動
- □ provide a fund　資金提供する
- □ national goal　国家目標
- □ commit oneself to do
  　〜すると確約する
- □ achieve a goal　目標を達成する
- □ decade　10年間

- □ land a man on the moon
  　人間を月に着陸させる
- □ impressive　印象を与える
- □ mankind　人類
- □ long-range　長期にわたる
- □ exploration　探査
- □ expensive　費用のかかる
- □ accomplish　〜を成し遂げる

目標タイム 28.2 秒	Fastを聴く (1回目) 1・2・3・4・5	速音読 1 秒	速音読 2 秒	速音読 3 秒	Fastを聴く (成果の確認) 1・2・3・4・5

John F. Kennedy
"Ich bin ein Berliner" Speech
June 26, 1963

Two thousand years ago the proudest boast was "civis Romanus sum." Today, in the world of freedom, the proudest boast is "Ich bin ein Berliner."

There are many people in the world who really don't understand, or say they don't, what is the great issue between the free world and the Communist world. Let them come to Berlin. There are some who say that communism is the wave of the future. Let them come to Berlin. And there are some who say in Europe and elsewhere we can work with the Communists. Let them come to Berlin. And there are even a few who say that it is true that communism is an evil system, but it permits us to make economic progress. *Lass' sic nach Berlin kommen.* Let them come to Berlin.

133 words

第2部　大統領のスピーチ編 • No. 2-5

和 訳

ジョン・F・ケネディ
「私はベルリン市民である」演説　1963年6月26日

　2,000年前、最高の自慢は、「私はローマ人である」でした。今日、自由世界において、最高の自慢は、「私はベルリン市民である」です。

　多くの人がいます、世界には。本当に理解していないか、理解していないと言っている。何が大きな争点なのかを、自由主義世界と共産主義社会の間で。彼らにベルリンに来てもらいましょう。言う人もいます、共産主義がこれからの主流だと。彼らにベルリンに来てもらいましょう。また言う人もいます、ヨーロッパ内外には、共産主義者と協力できると。彼らにベルリンに来てもらいましょう。さらに言う人さえいます、共産主義が邪悪な体制であるのは事実だが、我々に経済成長を可能にすると。彼らにベルリンに来てもらいましょう。彼らにベルリンに来てもらいましょう。

語句解説

- ☐ the proudest boast　最高の自慢
- ☐ "civis Romanus sum."
  「私はローマ人である」（ラテン語）
- ☐ "Ich bin ein Berliner."
  「私はベルリン市民である」（ドイツ語）
- ☐ issue　争点
- ☐ free world　自由主義世界
- ☐ the Communist world
  共産主義世界
- ☐ communism　共産主義
- ☐ wave of the future　これからの主流
- ☐ work with　～と協力する
- ☐ a few　少数の人
- ☐ evil　邪悪な
- ☐ permit someone to do
  （人）に～することを可能にする
- ☐ make economic progress
  経済成長する
- ☐ *Lass' sic nach Berlin kommen.*
  「彼らにベルリンに来てもらいましょう」（ドイツ語）

目標タイム　39.9秒	Fastを聴く（1回目）1・2・3・4・5	速音読 1　　　秒	速音読 2　　　秒	速音読 3　　　秒	Fastを聴く（成果の確認）1・2・3・4・5

147

John F. Kennedy
Remarks at Amherst College
October 26, 1963

I look forward to a great future for America, a future in which our country will match its military strength with our moral restraint, its wealth with our wisdom, its power with our purpose. I look forward to an America which will not be afraid of grace and beauty, which will protect the beauty of our natural environment, which will preserve the great old American houses and squares and parks of our national past, and which will build handsome and balanced cities for our future.

第2部　大統領のスピーチ編 ● No.2-6

和訳

ジョン・F・ケネディ
アマースト大学での発言　　1963年10月26日

　私は期待しています、アメリカの偉大な未来に。その未来において、我が国は調和させるでしょう。軍事力と道徳的抑制力を、富と知恵を、力と目的を。私は期待しています、アメリカに。品格と美を恐れないよう。自然環境の美しさを保護するよう。失わないようにするよう、古き良きアメリカの家々・広場・公園を、我が国の伝統である。そして、すばらしく均整のとれた都市を建設するよう、我々の未来のために。

語句解説

- □ look forward to　〜に期待する
- □ match　〜を調和させる
- □ military strength　軍事力
- □ moral restraint　道徳的抑制
- □ wealth　富
- □ wisdom　知恵
- □ purpose　目的
- □ be afraid of　〜を恐れる

- □ grace　気品
- □ protect　〜を保護する
- □ natural environment　自然環境
- □ preserve
  　〜を失わないようにする
- □ square　広場
- □ handsome　すばらしい
- □ balanced　均整のとれた

目標タイム	Fastを聴く (1回目)	速音読 1	速音読 2	速音読 3	Fastを聴く (成果の確認)
25.5 秒	1・2・3・4・5	秒	秒	秒	1・2・3・4・5

149

US president's speech

No. 2-7

Lyndon B. Johnson
State of the Union Address
January 14, 1969

Fast Slow

103   104

Frankly, as I leave the Office of the Presidency, one of my greatest disappointments is our failure to secure passage of a licensing and registration act for firearms. I think if we had passed that act, it would have reduced the incidence of crime. I believe that the Congress should adopt such a law, and I hope that it will at a not too distant date.

66 words

第2部　大統領のスピーチ編 • No.2-7

和 訳

リンドン・B・ジョンソン

一般教書演説

1969年1月14日

　率直に言って、大統領職を離れるにあたり、一番残念なことは失敗したことです。議会通過を実現させることに、銃器の登録免許法の。思います、法律を可決できていたら、犯罪発生率を減少させていたと。信じます、議会がそうした法律を可決すると。そして望みます、それがあまり遠くない日であることを。

語句解説

- □ frankly　率直に言って
- □ Office of the Presidency　大統領職
- □ disappointment　失望
- □ failure　失敗
- □ secure　～を確保する
- □ passage　議会通過
- □ licensing and registration act
　　登録免許法

- □ firearm　銃器
- □ incidence　発生率
- □ crime　犯罪
- □ adopt a law　法律を可決する
- □ at a not too distant date
　　あまり遠くない日に

目標タイム 19.8 秒	Fastを聴く (1回目) 1・2・3・4・5	速音読 1　　秒	速音読 2　　秒	速音読 3　　秒	Fastを聴く (成果の確認) 1・2・3・4・5

151

US president's speech

No. 2-8

Richard Nixon
Address to the Nation Announcing an Agreement on Ending the War in Vietnam
January 23, 1973

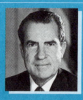

Fast   Slow

Now that we have achieved an honorable agreement, let us be proud that America did not settle for a peace that would have betrayed our allies, that would have abandoned our prisoners of war, or that would have ended the war for us but would have continued the war for the 50 million people of Indochina. Let us be proud of the 2 ½ million young Americans who served in Vietnam, who served with honor and distinction in one of the most selfless enterprises in the history of nations. And let us be proud of those who sacrificed, who gave their lives so that the people of South Vietnam might live in freedom and so that the world might live in peace.

122 words

第2部　大統領のスピーチ編 • No. 2-8

和　訳

リチャード・ニクソン
ベトナム戦争終結に関する協定の国民発表の演説 1973年1月23日

　今や我々は、名誉ある合意に達したのですから、誇りに思いましょう。アメリカが妥協しなかったことを、和平協定で。同盟諸国を裏切ることになる、戦争捕虜を見捨てることになる。あるいは、戦争を終わらせるが、我々にとっては。戦争を続けることになる、インドシナ半島の5,000万人にとっては。誇りに思いましょう、250万人のアメリカの若者を。ベトナムで従軍した、名誉と功績を持って従軍した、もっとも無私無欲の活動に、諸国の歴史上で。誇りに思いましょう、犠牲になった人々を、命を捧げた人々を。南ベトナムが自由の中で生きられるようにと、世界が平和に暮らせるようにと。

語句解説

- □ now that　今や～だから
- □ achieve an agreement
　合意を達成する
- □ honorable　名誉ある
- □ proud　誇りに思う
- □ settle for　～で妥協する
- □ peace　和平協定
- □ betray　～を裏切る
- □ abandon　～を見捨てる

- □ prisoner of war　戦争捕虜
- □ Indochina　インドシナ半島
- □ serve　服役する
- □ with honor and distinction
　名誉と功績を持って
- □ selfless　無私無欲の
- □ enterprise　活動
- □ sacrifice　犠牲になる

目標タイム	Fastを聴く (1回目)	速音読 1	速音読 2	速音読 3	Fastを聴く (成果の確認)
36.6 秒	1・2・3・4・5	秒	秒	秒	1・2・3・4・5

153

US president's speech

No. 2-9

Richard Nixon
Address to the Nation Announcing Decision To Resign the Office of President
August 8, 1974

Fast | Slow
107 | 108

I have never been a quitter. To leave office before my term is completed is abhorrent to every instinct in my body. But as President, I must put the interests of America first. America needs a full-time President and a full-time Congress, particularly at this time with problems we face at home and abroad.

To continue to fight through the months ahead for my personal vindication would almost totally absorb the time and attention of both the President and the Congress in a period when our entire focus should be on the great issues of peace abroad and prosperity without inflation at home.

Therefore, I shall resign the Presidency effective at noon tomorrow. Vice President Ford will be sworn in as President at that hour in this office.

128 words

第2部 大統領のスピーチ編 • No.2-9

> 和 訳

リチャード・ニクソン
大統領辞任を国民へ発表する演説　1974年8月8日

　私は、決して簡単にあきらめない人間です。任期を終える前に辞職することは、私自身のあらゆる本能に反します。しかし、大統領として、私はアメリカの利益を優先しなければなりません。アメリカは、専任の大統領と専任の議会が必要です、とりわけ現時点では。問題を抱えた、我々が国内外で直面している。

　戦いを続けることは、これから数カ月の間、私個人の汚名をそそぐために。ほとんど完全に時間と注意を使いつくすでしょう、大統領と議会両方の。我々の全ての重点が置かれるべき時期に、重要な問題に。国外における平和と、国内のインフレなき繁栄という。

　そこで、私は大統領を辞任します、明日の正午をもって。フォード副大統領が大統領の就任宣誓をします、その時間に官邸で。

> 語句解説

- □ quitter　簡単にあきらめる人
- □ be abhorrent to
  　(人)にとって許しがたい
- □ instinct　本能
- □ full-time　専任の
- □ particularly　とりわけ
- □ at this time　現時点では
- □ face　～に直面する
- □ vindication　無実の証明
- □ absorb　～を使いつくす
- □ prosperity　繁栄
- □ inflation　インフレ
- □ resign the Presidency
  　大統領を辞任する
- □ effective　効力を発する
- □ Vice President　副大統領
- □ be sworn in　就任の宣誓をする

Fastを聴く (1回目)	速音読 1	速音読 2	速音読 3	Fastを聴く (成果の確認)
1・2・3・4・5	秒	秒	秒	1・2・3・4・5

自己最速を更新しよう！ Break Your Own Records!

1セクションごとの最高タイムから、音読のスピードを計算して、グラフに記入しよう。

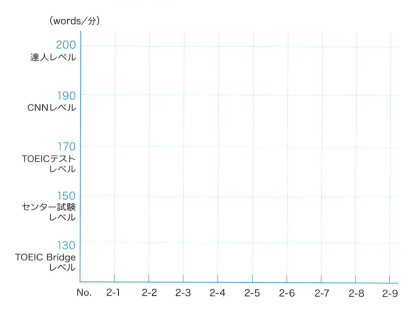

下記の　　　秒に、テキストごとの最高タイムを記入して計算すると、1分あたりのスピードがわかります。

No. 2-1	7800	÷		秒 =	words／分
2-2	7680	÷		秒 =	words／分
2-3	5400	÷		秒 =	words／分
2-4	5640	÷		秒 =	words／分
2-5	7980	÷		秒 =	words／分
2-6	5100	÷		秒 =	words／分
2-7	3960	÷		秒 =	words／分
2-8	7320	÷		秒 =	words／分
2-9	7680	÷		秒 =	words／分

US President's speech:No.3

大統領のスピーチ ③

US president's speech

No. 3-1

Jimmy Carter
Farewell Speech
January 14, 1981

Fast Slow

109   110

Remember these words: "We hold these truths to be self-evident, that all men are created equal, that they are endowed by their Creator with certain inalienable Rights, that among these are Life, Liberty and the pursuit of Happiness."

This vision still grips the imagination of the world. But we know that democracy is always an unfinished creation. Each generation must renew its foundations. Each generation must rediscover the meaning of this hallowed vision in the light of its own modern challenges. For this generation, ours, life is nuclear survival; liberty is human rights; the pursuit of happiness is a planet whose resources are devoted to the physical and spiritual nourishment of its inhabitants.

113 words

第2部 大統領のスピーチ編 • No.3-1

和訳
ジミー・カーター
辞任演説
1981年1月14日

　この言葉を思い出してください。「我々は、これらの事実を自明のことと考えます。すなわち、すべての人間は平等に造られたこと。創造主に授けられていること、絶対に奪うことのできない権利を。それには含まれること、生命、自由、および幸福の追求が」

　この理想は引きつけてそらしません、世界の想像力を。しかし、我々は知っています、民主主義は常に未完成の創造物であると。すべての世代が、その基盤を新しく作る必要があるのです。すべての世代が再発見する必要があるのです、この神聖な理想の意味を、現代の課題に照らして。この世代の我々にとって、生命とは核から生き延びることです。自由とは、人権です。幸福の追求とは、惑星です。その資源が費やされる、居住者の物理的、精神的な豊かさのために。

語句解説

- □ hold A to be B　AをBと考える
- □ self-evident　自明の
- □ endow　〜を授ける
- □ creator　創造主
- □ certain　不動の
- □ inalienable rights　奪うことのできない権利
- □ pursuit　追求
- □ grip　〜を引きつけてそらさない
- □ creation　創造物
- □ hallowed　神聖な
- □ in the light of　〜の観点から
- □ nuclear　核の
- □ be devoted to　〜をささげる
- □ nourishment　栄養を与えること
- □ inhabitant　居住者

目標タイム 33.9秒

Fastを聴く(1回目)	速音読1	速音読2	速音読3	Fastを聴く(成果の確認)
1・2・3・4・5	秒	秒	秒	1・2・3・4・5

159

US president's speech

No. 3-2

Ronald Reagan
Farewell Address
January 11, 1989

Fast Slow

111   112

The fact is, from Grenada to the Washington and Moscow summits, from the recession of '81 to '82, to the expansion that began in late '82 and continues to this day, we've made a difference. The way I see it, there were two great triumphs, two things that I'm proudest of. One is the economic recovery, in which the people of America created—and filled—19 million new jobs. The other is the recovery of our morale. America is respected again in the world and looked to for leadership.

89 words

第2部　大統領のスピーチ編 • No.3-2

> **和　訳**

ロナルド・レーガン
辞任演説
1989年1月11日

　事実、グレナダ侵攻から米露首脳会談まで、81〜82年の景気後退から、景気拡大（82年後半に始まり今日まで続いている）まで、我々は変化をもたらしました。私の見方では、2つの偉大な勝利がありました。2つのことです、私が最も誇りに思う。1つは、景気回復です。アメリカ国民が生み出した──そして満たした──1,900万の新しい雇用を。もう1つは、モラルの回復です。アメリカは再び世界で尊敬され、リーダーシップを期待されています。

> **語句解説**

- □ Grenada　グレナダ
- □ the Washington and Moscow summits
　米露首脳会談
- □ recession　景気後退
- □ expansion　発展
- □ continue　続く
- □ make a difference　差を生じる

- □ triumph　勝利
- □ be proudest of　最も誇りにしている
- □ economic recovery　経済回復
- □ fill　〜を満たす
- □ morale　道徳的な
- □ respect　〜を尊敬する
- □ look to　〜に期待する
- □ leadership　リーダーシップ

目標タイム　26.7秒	Fastを聴く（1回目）　1・2・3・4・5	速音読 1　　　秒	速音読 2　　　秒	速音読 3　　　秒	Fastを聴く（成果の確認）　1・2・3・4・5

161

US president's speech

No. 3-3

George H. W. Bush
Address on Iraq's Invasion of Kuwait
August 8, 1990

Fast   Slow

113   114

We succeeded in the struggle for freedom in Europe because we and our allies remain stalwart. Keeping the peace in the Middle East will require no less. We're beginning a new era. This new era can be full of promise, an age of freedom, a time of peace for all peoples. But if history teaches us anything, it is that we must resist aggression or it will destroy our freedoms. Appeasement does not work. As was the case in the 1930's, we see in Saddam Hussein an aggressive dictator threatening his neighbors. Only 14 days ago, Saddam Hussein promised his friends he would not invade Kuwait. And 4 days ago, he promised the world he would withdraw. And twice we have seen what his promises mean: His promises mean nothing.

130 words

> 和訳

ジョージ・H・W・ブッシュ
イラクのクウェート侵攻に関する演説　1990年8月8日

　我々は成功しました、ヨーロッパの自由のための戦いに。我々と同盟諸国が強固であったからです。中東での平和を維持することが必要です、同様に。我々は、新しい時代を始めようとしています。この新しい時代はなるでしょう、前途有望、自由な時代で、すべての人にとって平和な時代に。しかし、歴史が我々に教えるとしたら、何かを。それは、我々は侵略に抵抗しなければならないということです。さもなければ、我々の自由が破壊されるでしょう。宥和政策は、上手くいきません。1930年の事実から、我々はサダム・フセインを見ています。好戦的な独裁者であると、隣国を脅かしている。わずか14日前、サダム・フセインは同国人に約束しました、クウェートに侵攻しないと。そして4日前、彼は世界に約束したのです、撤退すると。こうして2回、我々は知ったのです、彼の約束が意味することを。彼の約束には、何の意味もありません。

> 語句解説

- struggle for　〜のための戦い
- remain　相変わらず〜である
- stalwart　断固とした
- Middle East　中東
- no less　同様に
- era　時代
- full of promise　前途有望な
- resist　〜に抵抗する
- aggression　侵略
- appeasement　宥和政策
- aggressive　好戦的な
- dictator　独裁者
- threaten　〜を脅かす
- invade　〜に侵攻する
- withdraw　撤退する

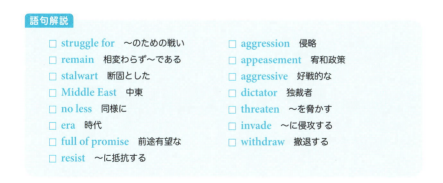

US president's speech

No. 3-4

George H. W. Bush
Address at West Point
January 5, 1993

Leadership should not be confused with either unilateralism or universalism. We need not respond by ourselves to each and every outrage of violence. The fact that America can act does not mean that it must. A nation's sense of idealism need not be at odds with its interests, nor does principle displace prudence.

No, the United States should not seek to be the world's policeman. There is no support abroad or at home for us to play this role, nor should there be. We would exhaust ourselves in the process, wasting precious resources needed to address those problems at home and abroad that we cannot afford to ignore.

108 words

第2部　大統領のスピーチ編 • No. 3-4

和　訳

ジョージ・H・W・ブッシュ
ウェスト・ポイントでの演説
1993年1月5日

　リーダーシップは混同されるべきではありません、覇権主義とも、普遍主義とも。我々は、自分たちだけで対処する必要はないのです、あらゆる暴力行為に。アメリカが行動できるという事実は、そうすべきだという意味ではありません。一国の理想を求める判断は、反する必要はありません、その国の利益と。また、原則が慎重さに取って代わる必要もありません。

　そうです、アメリカ合衆国は求めるべきではありません、世界の警察になることを。支持はありません、海外にも国内にも。我々がこの役割を果たすことへの、また支持があるべきではないのです。我々は消耗しきるでしょう、そうすることによって。貴重な資源を浪費して、問題に取り組むのに必要な。国の内外で、我々が無視するわけにはいかない。

語句解説

- □ unilateralism　覇権主義
- □ universalism　普遍主義
- □ each and every　あらゆる
- □ outrage of violence　暴力行為
- □ sense　見解
- □ idealism　理想主義
- □ at odds with　〜と対立して
- □ principle　原則
- □ displace　〜に取って代わる

- □ prudence　慎重さ
- □ play a role　役割を果たす
- □ exhaust oneself　体力を消耗する
- □ waste precious resources　貴重な資源を浪費する
- □ address the problem　問題に取り組む
- □ cannot afford to ignore　無視するわけにはいかない

目標タイム　32.4 秒	Fastを聴く（1回目）1・2・3・4・5	速音読 1　　　秒	速音読 2　　　秒	速音読 3　　　秒	Fastを聴く（成果の確認）1・2・3・4・5

165

US president's speech

No. 3-5

Bill Clinton
First Inaugural
January 20, 1993

Fast Slow

117　118

We earn our livelihood in America today in peaceful competition with people all across the Earth. Profound and powerful forces are shaking and remaking our world. And the urgent question of our time is whether we can make change our friend and not our enemy. This new world has already enriched the lives of millions of Americans who are able to compete and win in it. But when most people are working harder for less; when others cannot work at all; when the cost of health care devastates families and threatens to bankrupt our enterprises, great and small; when the fear of crime robs law-abiding citizens of their freedom; and when millions of poor children cannot even imagine the lives we are calling them to lead, we have not made change our friend.

133 words

和訳

ビル・クリントン
第1期就任演説
1993年1月20日

　我々は生活の糧を得ています、今日アメリカで。平和的な競争をして、全地球の人々と。強大な力が、揺るがし作り変えています、我々の世界を。現代の緊急課題は、我々が変えることができるどうかです。我々の同胞を、敵ではなく。この新しい世界は、すでに生活を豊かにしました、何百万人ものアメリカ人の。競争し、それに勝つことができる。しかし、大半の人が懸命に働いているのに、少ない給料で。まったく仕事がないのに。医療費が家庭に大打撃を与え、企業を倒産させる恐れがあるのに、大小の規模の。犯罪に対する恐怖が奪っているのに、法律に従う国民から自由を。何百万人もの貧しい子供たちが、想像できずにいるのに。生活を、我々が彼らに送りなさいと呼びかけている。我々は変えていないのです、我々の同胞を。

語句解説

- earn one's livelihood　暮らしを立てる
- in competition with　〜と競争して
- profound　大規模な
- urgent question　緊急課題
- enrich the life　生活を豊かにする
- compete　競争する
- when　〜なのに
- working for less　少ない給料で働く
- cost of health care　医療費
- devastate　〜に大打撃を与える
- bankrupt　〜を倒産させる
- enterprise　企業
- rob someone of something　(人)から(物)を奪う
- law-abiding citizen　法律に従う国民
- lead a life　生活を送る

目標タイム 39.9 秒

US president's speech

No. 3-6

Bill Clinton
Address on Health Care Reform
September 22, 1993

If Americans are to have the courage to change in a difficult time, we must first be secure in our most basic needs. Tonight I want to talk to you about the most critical thing we can do to build that security. This health care system of ours is badly broken, and it is time to fix it. Despite the dedication of literally millions of talented health care professionals, our health care is too uncertain and too expensive, too bureaucratic and too wasteful. It has too much fraud and too much greed.

At long last, after decades of false starts, we must make this our most urgent priority, giving every American health security, health care that can never be taken away, heath care that is always there. That is what we must do tonight.

134 words

第2部　大統領のスピーチ編 • No.3-6

和　訳

ビル・クリントン
医療制度改革についての演説
1993年9月22日

　アメリカ人が変わる勇気を持つなら、困難な時代に。我々は、まず保証されていなければなりません、もっとも基本的なニーズにおいて。今夜、私は皆さんに話したいのです、最も重要なことについて。我々ができる、そうした保証を作り出すために。我々の医療制度は崩壊しており、修復すべきときです。献身にもかかわらず、文字通り何百万人もの有能な医療制度の専門家の。我々の医療制度は、あまりに不確かで、あまりに高額で、あまりに官僚的であり、あまりに無駄が多いのです。制度には、あまりに不正があり、あまりに強欲です。

　ついに、出だしの失敗の何十年ものちに、我々はこれを緊急の優先事項にしなければなりません。すべてのアメリカ人に与えるために、医療保障を。そして、医療制度を、決して奪われることのない。医療制度を、いつでも身近にある。それが、我々が今夜すべきことなのです。

語句解説

- courage　勇気
- secure　保証された
- critical thing　重要なこと
- dedication　献身
- literally　文字通りに
- talented　有能な
- uncertain　不確かな
- bureaucratic　官僚的な
- wasteful　無駄の多い
- fraud　詐欺行為
- greed　強欲
- at long last　ついに
- false start　出だしの失敗
- priority　優先事項
- take away　〜を奪い去る

目標タイム	Fastを聴く (1回目)	速音読 1	速音読 2	速音読 3	Fastを聴く (成果の確認)
40.2 秒	1・2・3・4・5	秒	秒	秒	1・2・3・4・5

169

US president's speech

No. 3-7

Bill Clinton
Address on Race Relations
October 16, 1995

The single biggest social problem in our society may be the growing absence of fathers from their children's homes, because it contributes to so many other social problems. One child in four grows up in a fatherless home. Without a father to help guide, without a father to care, without a father to teach boys to be men and to teach girls to expect respect from men, it's harder. There are a lot of mothers out there doing a magnificent job alone, a magnificent job alone, but it is harder. It is harder. This, of course, is not a black problem or a Latino problem or a white problem, it is an American problem.

114 words

第2部　大統領のスピーチ編 • No. 3-7

和 訳

ビル・クリントン
人種間関係についての演説
1995年10月16日

　我々の社会の唯一最大の社会問題は、増加かもしれません。父親不在の、彼らの子供の家からの。それが原因となっているからです、非常に多くの他の社会問題の。4人に1人の子供が育っています、母子家庭で。父親なしに、導き助ける。父親なしに、心配する。父親なしに、男の子に男になることを教え、女の子に男性から敬意を得るよう望むことを教える。その問題は、より困難になっているのです。世の中には多くの母親がいます、素晴らしい仕事を1人でしている。素晴らしい仕事を、1人で。でも、それは難しくなっています。難しくなっているのです。これは、もちろん、黒人の問題ではありません。あるいは、ラテン系の問題でも、白人の問題でも。それは、アメリカ人の問題です。

語句解説

□ race relation　人種間関係	□ expect　〜を期待する
□ single　唯一の	□ respect　敬意
□ social problem　社会問題	□ out there　世の中には
□ absence　不在	□ magnificent　素晴らしい
□ contribute to　〜の一因となる	□ black　黒人の
□ fatherless home　母子家庭	□ Latino　ラテンアメリカ系住民の
□ guide　案内する	□ white　白人の

目標タイム	Fastを聴く (1回目)	速音読 1	速音読 2	速音読 3	Fastを聴く (成果の確認)
34.2 秒	1・2・3・4・5	秒	秒	秒	1・2・3・4・5

171

Bill Clinton
Farewell Address
January 18, 2001

In all the work I have done as President—every decision I have made, every executive action I have taken, every bill I have proposed and signed—I've tried to give all Americans the tools and conditions to build the future of our dreams in a good society with a strong economy, a cleaner environment, and a freer, safer, more prosperous world.

I have steered my course by our enduring values: opportunity for all, responsibility from all, a community of all Americans. I have sought to give America a new kind of Government, smaller, more modern, more effective, full of ideas and policies appropriate to this new time, always putting people first, always focusing on the future.

第2部 大統領のスピーチ編 • No.3-8

和訳

ビル・クリントン
辞任演説
2001年1月18日

　私が大統領として行ったすべての仕事——私の決断のすべて、私が取った指導者としての行動のすべて、私が提案し署名した法案のすべて——において、私はすべてのアメリカ人に与えようと努力してきました。手段と条件を、我々が夢見る未来を築くための。素晴らしい社会で、強い経済と、より汚染のない環境である。そしてもっと自由で、安全で、豊かな世界である。

　私は針路を取りました、我々の永続的な価値に従って。すべての人への機会、すべての人からの責任、すべてのアメリカ人の共同体という。私はアメリカに与えようとしてきました、新しい種類の政府を。より小さくて、近代的で、効率的な。アイデアと政策に満ちており、この新しい時代にふさわしい。常に人々のことを優先し、常に未来に焦点を合わせている。

語句解説

- □ make a decision　決定する
- □ take an action　行動する
- □ executive　行政上の
- □ bill　法案
- □ tool　手段
- □ condition　条件
- □ environment　環境
- □ prosperous　豊かな
- □ steer a course　針路を取る
- □ enduring　永続的な
- □ value　価値
- □ sought　seek「努める」の過去分詞
- □ modern　近代の
- □ appropriate to　〜に適合している
- □ put something first　〜を優先する

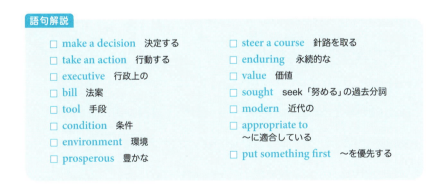

US president's speech

No. 3-9

George W. Bush
State of the Union Address

January 29, 2002

Fast Slow

125   126

And we have a great opportunity during this time of war to lead the world toward the values that will bring lasting peace. All fathers and mothers, in all societies, want their children to be educated and live free from poverty and violence. No people on Earth yearn to be oppressed or aspire to servitude or eagerly await the midnight knock of the secret police. If anyone doubts this, let them look to Afghanistan, where the Islamic "street" greeted the fall of tyranny with song and celebration. Let the skeptics look to Islam's own rich history, with its centuries of learning and tolerance and progress. America will lead by defending liberty and justice because they are right and true and unchanging for all people everywhere.

125 words

和訳

ジョージ・W・ブッシュ
一般教書演説
2002年1月29日

　そして、我々は偉大なる機会に恵まれています、この戦争の時代に。世界を価値感へと導く、持続的な平和をもたらす。すべての父母が、あらゆる社会で、願っています。子供たちが教育を受け、貧困や暴力から解放されて生きることを。地上の誰も望んでいないのです、迫害されることを。望んでいないのです、強制労働を。待ちかねていないのです、秘密警察の真夜中のノックを。もし誰かがこれを疑うなら、アフガニスタンを見せてあげましょう。そこでは、イスラムの「町の人々」が迎えていました、独裁の崩壊を、歌やお祝いで。懐疑的な人たちに見せてあげましょう、イスラム独自の豊かな歴史を、何世紀もの学び・忍耐・進歩とともに。アメリカは先頭を進むでしょう、自由と正義を守ることによって。なぜなら、それらは正当であり、真理であり、不変だからです、あらゆる場所のすべての人にとって。

語句解説

- values　価値観
- lasting　持続的な
- poverty　貧困
- yearn to do　〜することを切望する
- aspire to do　〜することを切望する
- oppress　〜を迫害する
- servitude　強制労働
- await　〜を待つ
- street　町の人々
- greet　〜を迎える
- tyranny　独裁
- celebration　祝賀
- skeptic　懐疑論者
- tolerance　忍耐
- unchanging　不変の

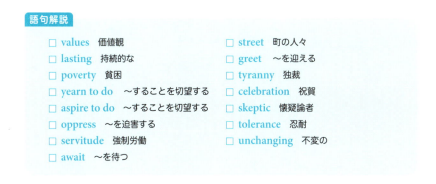

自己最速を更新しよう！ Break Your Own Records!

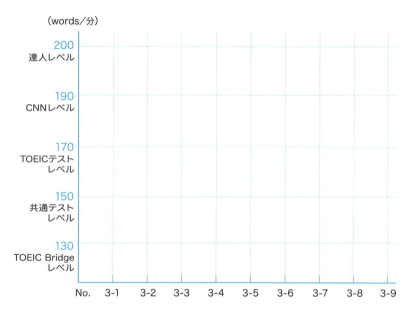

1セクションごとの最高タイムから、音読のスピードを計算して、グラフに記入しよう。

下記の　　秒に、テキストごとの最高タイムを記入して計算すると、1分あたりのスピードがわかります。

No. 3-1	6780	÷		秒 =	words／分
3-2	5340	÷		秒 =	words／分
3-3	7800	÷		秒 =	words／分
3-4	6480	÷		秒 =	words／分
3-5	7980	÷		秒 =	words／分
3-6	8040	÷		秒 =	words／分
3-7	6840	÷		秒 =	words／分
3-8	7020	÷		秒 =	words／分
3-9	7500	÷		秒 =	words／分

第2部 **アメリカ大統領のスピーチ編**

US President's speech:No.4

大統領のスピーチ 4

US president's speech

No. 4-1

George W. Bush
State of the Union Address (1)
January 20, 2004

The work of building a new Iraq is hard, and it is right. And America has always been willing to do what it takes for what is right. Last January, Iraq's only law was the whim of one brutal man. Today, our coalition is working with the Iraqi Governing Council to draft a basic law with a bill of rights. We're working with Iraqis and the United Nations to prepare for a transition to full Iraqi sovereignty by the end of June.

82 words

第2部　大統領のスピーチ編 • No. 4-1

和 訳

ジョージ・W・ブッシュ
一般教書演説 (1)

2004年1月20日

　新しいイラクを築く作業は難しく、また正しいものです。そして、アメリカは常に前向きでした、必要なことをすることに、正しいもののために。昨年1月、イラクの唯一の法は、ひとりの残虐な男の思いつきでした。今日、我々の連合は協力しています、イラク統治評議会と。基本法規を起草するために、権利法を持つ。我々は協力しています、イラク人と国際連合とともに。準備をするために、イラクへの全主権の移行を、6月末までに。

語句解説

- □ be willing to do
  　〜することに前向きである
- □ what it takes　必要なもの
- □ what is right　正しいもの
- □ whim　気まぐれな思いつき
- □ brutal　残虐な
- □ coalition　連合
- □ work with　〜と協力する

- □ governing council　統治評議会
- □ draft　〜を起草する
- □ basic law　基本法規
- □ bill of rights　権利法
- □ United Nations　国際連合
- □ prepare for　〜の準備をする
- □ transition　移行
- □ sovereignty　主権

目標タイム	Fastを聴く (1回目)	速音読 1	速音読 2	速音読 3	Fastを聴く (成果の確認)
24.6 秒	1・2・3・4・5	秒	秒	秒	1・2・3・4・5

US president's speech

No. 4-2

George W. Bush
State of the Union Address (2)
January 20, 2004

As democracy takes hold in Iraq, the enemies of freedom will do all in their power to spread violence and fear. They are trying to shake the will of our country and our friends, but the United States of America will never be intimidated by thugs and assassins. The killers will fail, and the Iraqi people will live in freedom.

60 words

和訳

ジョージ・W・ブッシュ
一般教書演説 (2)
2004年1月20日

　民主主義がイラクで根付くにつれ、自由の敵は全力でするでしょう。広げようと、暴力と恐怖を。彼らは意思を揺さぶろうとするのです、我々の国と同盟国の。しかし、アメリカ合衆国は、決してひるむことはありません、刺客や暗殺者に。殺人者は失敗し、そしてイラクの人々は生きるでしょう、自由の中で。

語句解説

- take hold　根付く
- do all in one's power　全力でする
- spread　〜を広げる
- violence　暴力
- fear　恐怖
- shake the will of
  （人）の意思をぐらつかせる
- be intimidated by　〜におびえる
- thug　殺し屋
- assassin　暗殺者
- killer　殺人者
- fail　失敗する

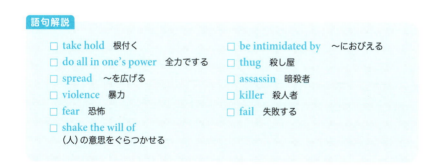

US president's speech

No. 4-3

George W. Bush
Remarks on the War on Terror
March 19, 2008

So we're helping the people of Iraq establish a democracy in the heart of the Middle East. A free Iraq will fight terrorists instead of harboring them. A free Iraq will be an example for others of the power of liberty to change the societies and to displace despair with hope. By spreading the hope of liberty in the Middle East, we will help free societies take root. And when they do, freedom will yield the peace that we all desire.

81 words

第2部　大統領のスピーチ編 • No. 4-3

和 訳

ジョージ・W・ブッシュ
対テロ戦争に関する声明

2008年3月19日

　ですから、我々は助けているのです。イラクの人々が民主主義を確立するのを、中東の中心で。自由なイラクは、テロリストと戦うでしょう、彼らをかくまう代わりに。自由なイラクは、一例となるでしょう。他の国にとって自由の力の、社会を変え、絶望を希望に代える。広めることによって、自由の希望を中東に。我々は助けるでしょう、自由な社会が根付くのを。そして、彼らがそうすることで、自由は平和を生み出すでしょう、我々皆が熱望している。

語句解説

- □ terror　テロ
- □ establish　〜を確立する
- □ in the heart of　〜の中心で
- □ Middle East　中東
- □ terrorist　テロリスト
- □ instead of　〜の代わりに
- □ harbor　〜をかくまう

- □ example　実例
- □ displace A with B
  　AをBと交換する
- □ despair　絶望
- □ take root　根付く
- □ yield　〜を生み出す
- □ desire　〜が欲しいと強く思う

目標タイム	Fastを聴く (1回目)	速音読 1	速音読 2	速音読 3	Fastを聴く (成果の確認)
24.3 秒	1・2・3・4・5	秒	秒	秒	1・2・3・4・5

183

US president's speech

No. 4-4

George W. Bush
Farewell Address to the Nation
January 15, 2009

As we address these challenges—and others we cannot foresee tonight—America must maintain our moral clarity. I've often spoken to you about good and evil, and this has made some uncomfortable. But good and evil are present in this world, and between the two of them there can be no compromise. Murdering the innocent to advance an ideology is wrong every time, everywhere. Freeing people from oppression and despair is eternally right. This nation must continue to speak out for justice and truth. We must always be willing to act in their defense—and to advance the cause of peace.

101 words

第2部 大統領のスピーチ編 • No. 4-4

和 訳

ジョージ・W・ブッシュ
国民への退任演説

2009年1月15日

　我々が取り組むとき、これらの課題に——そして他の課題に、我々が今夜予測することのできない——アメリカは維持しなければなりません、我々のモラルの明確さを。私は皆さんにしばしば話してきました、善悪について。そして、これは一部の人を不愉快にしてきました。しかし、善と悪は存在するのです、この世界に。そして、その2つの間に、歩みよりはありえないのです。罪のない者を殺すこと（イデオロギーを推し進めるために）は、間違ったことです、いつでも、どこでも。抑圧と絶望から人々を解放することは、いつでも正しいことです。この国は発言し続けなければなりません、正義と真実のために。我々は常に前向きに行動しなければなりません、それらの防衛のために——そして、平和という目標を前進させるために。

語句解説

- ☐ foresee　～を予測する
- ☐ maintain　～を維持する
- ☐ moral　道徳的な
- ☐ clarity　明確さ
- ☐ good and evil　善悪
- ☐ uncomfortable　不愉快な
- ☐ present　存在している
- ☐ compromise　歩み寄り

- ☐ murder　～を殺す
- ☐ innocent　罪のない人
- ☐ ideology　イデオロギー
- ☐ oppression　抑圧
- ☐ eternally　いつでも
- ☐ speak out　率直に意見を述べる
- ☐ cause　目標

目標タイム **30.3** 秒	Fastを聴く（1回目）1・2・3・4・5	速音読 1　　　秒	速音読 2　　　秒	速音読 3　　　秒	Fastを聴く（成果の確認）1・2・3・4・5

US president's speech
No. 4-5

Barack Obama
Inaugural Address
January 20, 2009

Fast Slow

135 136

For we know that our patchwork heritage is a strength, not a weakness. We are a nation of Christians and Muslims, Jews and Hindus and non-believers. We are shaped by every language and culture, drawn from every end of this Earth; and because we have tasted the bitter swill of civil war and segregation, and emerged from that dark chapter stronger and more united, we cannot help but believe that the old hatreds shall someday pass; that the lines of tribe shall soon dissolve; that as the world grows smaller, our common humanity shall reveal itself; and that America must play its role in ushering in a new era of peace.

111 words

第2部 大統領のスピーチ編 • No. 4-5

和訳
バラク・オバマ
就任演説
2009年1月20日

　なぜなら我々は知っているのです、我々の多様性という伝統は強さであり、弱さではないと。我々は国家です、キリスト教徒、イスラム教徒、ユダヤ教徒、ヒンズー教徒、そして、無信仰者の。我々は形作られています、あらゆる言語と文化によって、世界の隅々から集められた。そして、なぜなら我々は苦汁を味わったのです、内戦と人種差別という。そして、その暗い時代から立ち上がりました、より強く、さらに団結して。我々は信じずにはいられません、過去の憎しみはいつしか去り、人種間の境界はすぐに消えると。世界が小さくなるにつれ、我々に共通する人間愛が姿を現すと。そして、アメリカは自国の役割を果たさなければならないと、新しい平和の時代を導き入れるために。

語句解説

- for　なぜなら
- patchwork　寄せ集め
- heritage　伝統（遺産）
- drawn from　〜から集める
- bitter swill　苦汁
- segregation　人種差別
- emerge from　〜から抜け出す
- chapter　区切りとなる時期
- cannot help but　〜せざるを得ない
- hatred　憎しみ
- tribe　部族
- dissolve　消失する
- humanity　人間愛
- reveal　正体を現わす
- usher in　〜を導き入れる

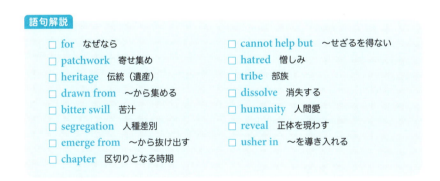

目標タイム 33.3秒

US president's speech

No. 4-6

Barack Obama
Address at Cairo University
June 4, 2009

So let there be no doubt, Islam is a part of America. And I believe that America holds within her the truth that regardless of race, religion, or station in life, all of us share common aspirations to live in peace and security, to get an education and to work with dignity, to love our families, our communities, and our God. These things we share. This is the hope of all humanity.

72 words

第2部　大統領のスピーチ編 • No. 4-6

和　訳

バラク・オバマ
カイロ大学での演説
2009年6月4日

　それでは、明らかにしましょう、イスラムはアメリカの一部です。そして、私は信じます、アメリカが自国に真実を持っていることを。関係なく、人種、宗教、または実生活での地位に。すべての人が分かち合っているという、共通の願いを。平和と安全の中で生きるために。教育を受け尊厳をもって働くために。愛するために、家族、地域社会、そして神を。こうした願いを、我々は分かち合っています。これは希望なのです、全人類の。

語句解説

- □ let there be no doubt
  明らかにする
- □ her　彼女 (アメリカ) に
- □ regardless of　〜にかかわらず
- □ race　人種
- □ religion　宗教
- □ station　地位
- □ share　〜を共有する
- □ common　共通の
- □ aspiration　強い願望
- □ security　安全
- □ with dignity　尊厳をもって
- □ community　地域社会
- □ humanity　人類

目標タイム	Fastを聴く (1回目)	速音読 1	速音読 2	速音読 3	Fastを聴く (成果の確認)
21.6 秒	1・2・3・4・5	秒	秒	秒	1・2・3・4・5

189

US president's speech

No. 4-7

Barack Obama
Father's Day Address
June 21, 2010

Fast Slow

So we can talk all we want here in Washington about issues like education and health care and crime; we can build good schools; we can put money into creating good jobs; we can do everything we can to keep our streets safe—but government can't keep our kids from looking for trouble on those streets. Government can't force a kid to pick up a book or make sure that the homework gets done. Government can't be there day in, day out, to provide discipline and guidance and the love that it takes to raise a child. That's our job as fathers, as mothers, as guardians for our children.

110 words

第2部 大統領のスピーチ編 • No.4-7

和 訳

バラク・オバマ
父の日の演説

2010年6月21日

　ですから、我々は話すことができます。我々が望むすべてのことを、ここワシントンで。問題について、教育や医療制度、犯罪といった。我々は、いい学校を建てることができます。我々はお金を使うことができます、いい仕事を生み出すために。我々はできることをすべてします、我々の通りを安全にするために——しかし、政府は遠ざけることはできません、子どもを。軽はずみなことをすることから、そうした通りで。政府は無理強いすることはできません、子どもに。本を手に取り、確実に宿題を終わらせるように。政府はその場いることはできません、来る日も来る日も。規律と指導と愛を与えるために、子どもを育てるのに必要な。それは、我々の仕事です。父として、母として、保護者として、我々の子どもたちの。

語句解説

- ☐ issue　問題
- ☐ crime　犯罪
- ☐ keep someone from doing
  （人）に〜させない
- ☐ look for trouble
  軽はずみなことをする
- ☐ force someone to do
  （人）に〜するよう強制する
- ☐ make sure that
  確実に〜になるようにする

- ☐ pick up a book　本を手に取る
- ☐ get done　終わらせる
- ☐ day in, day out　来る日も来る日も
- ☐ discipline　規律
- ☐ guidance　指導
- ☐ it takes 〜 to do
  …するのに〜が必要である
- ☐ raise　〜を育てる
- ☐ guardian　保護者

目標タイム 33 秒	Fastを聴く （1回目） 1・2・3・4・5	速音読 1 秒	速音読 2 秒	速音読 3 秒	Fastを聴く （成果の確認） 1・2・3・4・5

191

US president's speech

No. 4-8

Barack Obama
Religions Tolerance in America: Address at Iftar Dinner
August 13, 2010

We must never forget those who we lost so tragically on 9/11, and we must always honor those who led the response to that attack—from the firefighters who charged up smoke-filled staircases, to our troops who are serving in Afghanistan today. And let us also remember who we're fighting against, and what we're fighting for. Our enemies respect no religious freedom. Al Qaeda's cause is not Islam—it's a gross distortion of Islam. These are not religious leaders—they're terrorists who murder innocent men and women and children. In fact, al Qaeda has killed more Muslims than people of any other religion—and that list of victims includes innocent Muslims who were killed on 9/11.

120 words

第2部 大統領のスピーチ編 ● No.4-8

和 訳

バラク・オバマ
アメリカの宗教的寛容さ：ラマダン明けの食事会での演説
2010年8月13日

　決して忘れてはなりません、我々があまりに悲劇的に失った人たちのことを、9月11日に。そして、我々は常に敬意を表さなければなりません、攻撃への対応を率いた人たちに──消防士たちから、煙でいっぱいの階段を突進した。部隊まで、今日アフガニスタンで従軍している。そして、思い出してもください。我々が戦っている相手を、また何のために我々は戦っているのかを。我々の敵は敬意を表しません、宗教的な自由に対して。アル・カイダの大義は、イスラムではありません──それは、イスラムの甚だしい歪曲です。この者たちは、宗教的指導者たちではありません──彼らは、テロリストです。罪のない男性、女性、子どもを殺す。実際、アル・カイダは殺しました、より多くのイスラム教徒を、ほかのいかなる宗教の人たちよりも──そして、その犠牲者のリストには含まれています。罪のないイスラム教徒が、9月11日に殺された。

語句解説

- □ tolerance　寛容
- □ Iftar
　　イフタール（ラマダン明けの食事）
- □ those who　〜な人たち
- □ tragically　悲劇的に
- □ honor　〜に尊敬の念を持つ
- □ response to　〜への対応
- □ firefighter　消防士
- □ charge up　突進する
- □ troop　部隊
- □ cause　大義
- □ gross distortion　甚だしい歪曲
- □ religious leader　宗教的指導者
- □ innocent　罪のない
- □ in fact　実際に
- □ victim　犠牲者

目標タイム	Fastを聴く（1回目）	速音読 1	速音読 2	速音読 3	Fastを聴く（成果の確認）
36 秒	1・2・3・4・5	秒	秒	秒	1・2・3・4・5

193

US president's speech

No. 4-9

Barack Obama
Remarks on the Historic Revolution in Egypt
February 11, 2011

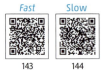

By stepping down, President Mubarak responded to the Egyptian people's hunger for change. But this is not the end of Egypt's transition. It's a beginning. I'm sure there will be difficult days ahead, and many questions remain unanswered. But I am confident that the people of Egypt can find the answers, and do so peacefully, constructively, and in the spirit of unity that has defined these last few weeks. For Egyptians have made it clear that nothing less than genuine democracy will carry the day.

85 words

第2部 大統領のスピーチ編 • No. 4-9

和 訳

バラク・オバマ
エジプトの歴史的革命についての声明 2011年2月11日

　退陣によって、ムバラク大統領は応えました、エジプトの人たちの変革への渇望に。しかし、これは終わりではありません、エジプトの変遷の。それは、始まりです。私は確信しています、困難な日々がこれから先にあると。そして、多くの課題が未解決のままだと。しかし、私は確信しています、エジプトの人々が解決策を見つけられると。そして、それを行えると、平和的に、建設的に。さらに、団結の精神で、この数週間で明らかにされた。なぜなら、エジプト人は示したのです。ほかならぬ真の民主主義が、勝利を収めることを。

語句解説

- □ step down　退陣する
- □ respond to　～に対応する
- □ hunger for change　変革の渇望
- □ transition　変遷
- □ remain unanswered
  　未解決のままである
- □ be confident that
  　～を確信している
- □ answer　解決策

- □ constructively　建設的に
- □ in the spirit of　～の精神で
- □ unity　結束
- □ define　～を明らかにする
- □ make it clear that　～を表明する
- □ nothing less than
  　ほかならぬ～で
- □ genuine democracy　真の民主主義
- □ carry the day　勝利を収める

目標タイム 25.5秒	Fastを聴く (1回目) 1・2・3・4・5	速音読 1 秒	速音読 2 秒	速音読 3 秒	Fastを聴く (成果の確認) 1・2・3・4・5

自己最速を更新しよう！ Break Your Own Records!

1セクションごとの最高タイムから、音読のスピードを計算して、グラフに記入しよう。

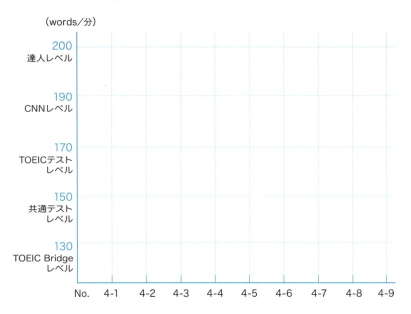

下記の ▢ 秒に、テキストごとの最高タイムを記入して計算すると、1分あたりのスピードがわかります。

No. 4-1	4920	÷		秒 =		words／分
4-2	3600	÷		秒 =		words／分
4-3	4860	÷		秒 =		words／分
4-4	6060	÷		秒 =		words／分
4-5	6660	÷		秒 =		words／分
4-6	4320	÷		秒 =		words／分
4-7	6600	÷		秒 =		words／分
4-8	7200	÷		秒 =		words／分
4-9	5100	÷		秒 =		words／分

Index

第1部

A

ability	能力	108
accept	~を受け入れる、~を快く受け取る	58, 106
according to	~によれば	50
act like	~のように振る舞う	56
action	行い	104
active	精力的な	90
actually	実際は	114
admit	~を認める	70
age	年齢	90
ahead	前方に	86
aim for	~を目指して進む	76
alive	生きている	106
all along	最初からずっと	86
all over the world	世界中の	96
all the time	いつも	52
all you want	望みのすべて	110
alone	独りで	92
amazing	驚くような	62
amazingly	驚くべきことに	58
ambition	大志	56
ambitious	大志を抱いた	76
apology	謝罪、弁明	70, 96
appreciate	~を感謝する	100
approval	支持	98
army	軍隊	82
as ~ as you can	できる限り~	42
as though	あたかも~のように	62
A as well as B	AはもちろんBも	44
ask oneself	自問する	68
at fifty	50歳で	72
at its best	最高の状態で	72
at the right time	時宜を得た	82
avoid	~を避ける	40
avoid +動詞ing	~しないようにする	68

B

be amazed by	~に驚かされる	94
be busy with	~で忙しい	44
be curious about	~に好奇心を持つ	36
be derived from	~に由来する	98
be devoid of	~を欠いている	108
be dressed in	~を着ている	52
be interested in	~に興味がある	36
be not part of	~の一部ではない	110
be nurtured	育まれる	84
be prone to +動詞	~する傾向がある	108
be summarized in	~に集約される	34
be trusted	信頼される	58
be won by	~によって勝ち取られる	112
become successful	成功する	58
belittle	~をけなす	56
best use of	~の最大活用	68
beyond winning	勝ち取ることが出来ない	112
birth	誕生	36
blame	~を非難する	104
bold	大胆な	76, 96
bored	退屈な	36
boring	退屈な	62
brave	勇敢な	34
brighter and brighter	ますます輝く	92
bring to	~に持ち込む	90
broken relationship	壊れた関係	70
by itself	ひとりでに	106

C

capacity	能力	108
care	世話	106

career	生涯、生涯の仕事	58
cause	原因	104
cautious	慎重な	76
change	変化	80
choice	選択（の機会）	62
choose	選ぶ	62
clothes	衣服	96
clothing	衣料	96
come from	～に由来する	104
come true	実現する	34
compel someone to ＋動詞	（人）に強制して～させる	78
complain	不満を言う	100
completely	完全に、徹底的に	42, 94
confidence	自信	34
congratulations	（複数形で）おめでとう	66
connection	人脈	82
consider	～を考慮する	100
constancy	忠実	34
constant	休みなく続く	106
continue ＋動詞 ing	～することを続ける	66
control	管理する、支配する	112
count	重要である、大切である	38, 42
courage	勇気	34
courageous	勇気のある	34
coworker	同僚	112
creative	創造力豊かな	90
creativity	創造力	54, 90
cupboard	戸棚	106
curiosity	好奇心	34, 36
cynical	ひねくれた	36

D

damn-fool	馬鹿げた	84
dead	死んだ	40
deathbed	死の床	114
defeat	～を打ち負かす	90
demand	～を要求する	44

depend on	～に頼る	98
desire	欲望、～を望む	36, 44
determination	意志の強さ	38
develop	発展する、～を身に付ける	72, 108
disappointed	失望した	52, 98
discover	～を発見する、～を悟る	36, 108
does what he wants to do	彼がしたいことをする	48
draw lesson	教訓を引き出す	68
dream a dream	夢を見る	76

E

each day	毎日	48
either	（否定文で）～もまた	64
embarrassment	きまり悪さ	40, 96
embryonic	初期の	84
encounter	～と出くわす	40
endow	～を授ける	36
enemy	敵	108
erase	～を消す	64
even if	たとえ～であっても	110
event	出来事	112
eventually	そうすれば、結局は	84, 100
evil	（道徳上）悪い	108
executive	幹部	84
expectation	期待	40
external	外の	40

F

face	～と向き合う	70
fail	失敗する	58
failure	失敗	40
fairy godmother	（困難から救ってくれる）妖精	36
faith	信頼	34
fall apart	崩壊する	100
fall away	はがれ落ちる	40
fall in love with	～を大好きになる	78

fall together　ひとつになる 100

famous　有名な 48

fate　運命 42

fear　恐れ 40

feel　〜のような気がする 72

feel better　気が楽になる 112

feel good about
　〜について良い気分である 98

feel like　〜のように感じる 50

feel overwhelming
　（物が）圧倒的な感じを与える 50

fight　戦い、闘争心 38

find oneself ＋動詞 ing
　〜している自分に気づく 52

find out　調べる 110

finite　有限の 42

fix　〜を修復する 70

flock　群れ 86

focus on　〜に集中する 68

follow　（結果として）次に来る 104

for a reason　理由があって 100

forever　永遠に 80

forgive　赦す 108

for no reason　理由なく 44

for the future　将来の 56

for　というわけは〜だから（接続詞）、
　〜を得ようとして 76, 92

fountain　泉 90

free one's mind　心を解き放つ 54

friendship　友情 56

from behind　後ろから 86

from the front　前から 86

fulfillment　実現 84

fully　十分に 42

fully-formed　形がしっかりした 84

funny　おかしい 38

G

game winning shot
　勝利を決めるシュート 58

get done　うまくいく 112

get dressed　服を着る 50

get excited about　〜に夢中になる 82

get older　年を取る 90

get on　育つ 106

get out of　〜から出る 50

get started　始める 80

get stressed　ストレスを感じる 114

get stuck in　〜に囚われる 64

get up　起床する 48

give up　（〜を）あきらめる 34, 58, 112

glory days　栄光の日々 64

go to bed　寝る 48

go wrong　失敗する 100

goat　ヤギ 86

grow　成長する 72

guarantee　〜を保証する 66

guide　〜を導く 86

H

half-baked　不完全な 84

happen　起こる 52, 94, 114

hard　辛い 110

hate　〜をひどく嫌う、〜を憎む 48, 108

have a conversation　会話する 94

have a natural gift for
　生まれながらに〜の才能がある 44

have got to ＋動詞
　〜しなければならない 106

have no end　終りがない 54

heal　〜を癒す 70

heartbeat　鼓動 42

heights　高地 34

help me make the big choices
　私が大きな決断を下すのを助ける 40

Index

he who　人（は誰でも）......108

hide in bed　布団の中に隠れる......50

hold a pen　ペンを持つ......78

how do you know　どうして分かるのか......110

how to ＋動詞　〜する方法......44, 78

humble spirit　謙譲の気持......70

humility　謙虚......70

hurt feeling　傷ついた感情......70

I

ignore　〜を無視する......72

imaginary things　想像上のこと......114

imagination　想像力......44, 54

imagine　〜を想像する......78

imagine big　大きく想像する......54

immature　未熟な......84

impossible　不可能な......50

in a different way　違う角度から......48

in between　（２つのものの）間に......48

in one's later life　晩年に......92

in one's life
　一生を通じて、人生において......54, 104

in order to ＋動詞　〜するために......96

in other words
　言い換えると、言い換えれば......50, 76

in style　流行の......96

in the face of　〜と向き合う......40

in the future　今後は......68

in the morning　朝に......48

in these situations　このような場合......86

in times like this　こんなときには......50

inner　内面の......92

innovative　革新的な......84

inside　内面で、内側に......90, 98

inspire　（人）にひらめきを与える、
　（人）を鼓舞する......54, 76

inspire someone to ＋動詞
　（人）を奮起させて〜させる......78

instead　それよりも、その代わり......68, 82

intend to ＋動詞　〜するつもりである......42

irreplaceable　かけがえのない......96

it doesn't matter　〜は関係ない......54

It is better to ＋動詞　〜する方が良い......70

it seems to me　私には思える......34

it's tempting to ＋動詞　〜したくなる......50, 64

it's true that　確かに〜である......66

J

joy　喜び......98

joyfully　喜んで......110

K

keep an eye on　〜から目を離さない......94

keep away from　〜から離れている......56

keep going　進み続ける......38

keep watering　水をやりつづける......106

kindness　思いやり......92

knock on one's door　訪ねてくる......52

knowledge　認識......92

L

lasting　永続する......96

laugh at　〜を笑う......56

lazy　怠けた......66

lead to　〜に導く......62

leader　リーダー......76

learn to let go　忘れることを学ぶ......100

learning experience　学習経験......72

lesson in　〜の授業......70

let it go　放っておく......112

let's face it　率直に言おう......72

letters of the alphabet
　アルファベット文字......78

lie　うそ......100

lip　唇......92

live one's life　人生を生きる......62

200

living 生きていること 54

long for 〜を切望する 78

look after 〜の世話をする 106

look ahead 前を向く 64

look back 振り返る 68

look back on 〜を振り返る 114

look for 〜を探す 92

lose 〜を失う 40

loser 敗者 38

lots of たくさんの 48

lousy 最低の 66

M

maintain 〜を維持する 108

make a mistake 間違いを犯す 70

make fun of 〜を笑いものにする 56

make sense 意味をなす、道理にかなう 84

make someone feel that
（人）に〜だと感じさせる 56

make the change 変化を起こす 80

make time 時間を作る 54

make up 〜を作り出す 44

mean 〜を意味する 34

memory 思い出 64

mind 心、精神 94

miracle 奇跡 62

mistake 過ち 68

more likely to ＋動詞 〜する可能性が高い 38

most importantly 最も重要なことには 108

most of ほとんどの〜 68

N

need for 〜の欲求 112

next time 次に〜するときには 94

no matter what 何があっても 38

no time to ＋動詞 〜する時間がない 42

not any longer これ以上〜ない 80

not necessarily 必ずしも〜ではない 38

nourishment 栄養 106

nurture 〜を育てる 106

O

object 物体 44, 106

on the inside 内側に 38

once 一度〜すれば 68

one 前出のpersonを指している
代名詞、人 80, 96

one-of-a-kind 他に類のない 96

one 〜 the other 一方は〜、他方は〜 62

open sea 広い海、大海 78

opportunity 機会、チャンス 52, 84

other person 相手 94

out-of-the-ordinary 非日常の 62

outer 外面の 92

over and over again 何度も何度も 58

overall （上下一体の）作業着 52

overconfident 自信過剰の 66

P

passionate 情熱がある 44

past 過去 64

path toward 〜への道 78

patience 忍耐 52

patiently 忍耐強く 84

pay attention 集中する 94

perfect moment 絶好の瞬間 80

perfect person ぴったりの人物 80

plant 苗木、植物 106

play with 〜で遊ぶ 94

poise 美しい身のこなし 92

possible あり得る 112

powerful 影響力のある 82

precious 貴重な 62, 106, 114

precious stone 宝石 106

prepare 準備する 42

present 現在 64

Index

pressure　プレッシャー 50

pride　プライド、自尊心 40

prisoner　囚人 64

probably　おそらく 56, 68, 104

promise　明るい見通し 84

put back　〜を戻す 70

put someone's needs first
（人）の要求を最優先する 110

Q

quality　資質 44

quotation　引用文 38

R

rather than　〜よりはむしろ 84

ready made　既成の 104

reality　現実 82

recognize
〜を認識する、〜を認める 52, 82

regret　〜を後悔する 64

remain　〜として残る 96

remember　〜を思い出す、
〜を記憶にとどめる 40, 66

resist　〜に抵抗する 72

resource　資源 82

revolution　革命 76

right idea　的確なアイデア 82

S

sacrifice　犠牲 110

sail　航海する 78

scale　〜をよじ登る 34

seduce someone into ＋動詞 ing　（人）をそそ
のかして〜させる 66

seek　〜を探し求める 80

separate A from B　AとBを分ける 38

set someone free　（人）を解放する 70

shapeless　形のない 84

sheep　羊 86

shepherd　羊飼い 86

shone　shine「輝く」の過去形 92

show up　姿を見せる 50

silly　馬鹿げた 56

situation　状況 112

smart　賢い 66

society　世間（の人々） 98

some 〜 others…
〜する人もいれば、…する人もいる 42

some other time　また別の機会 80

somehow　どうしても 34

somewhat like　〜にやや似ている 84

so (that)　〜するために 100

So what?　それがどうした？ 58

source　水源、源 90, 98

spend one's days ＋動詞 ing
〜をして日々を過ごす 48

spend one's time ＋動詞 ing
〜して時間を過ごす 64

star　星（運命・希望・理想の象徴） 76

start　（人）をスタートさせる 78

stay behind　後ろにいる 86

still　じっとして 94

stop and think　立ち止まって考える 104

stop ＋動詞 ing　〜することを止める 58

story　物語 78

strength　強さ 38

stressful　ストレスの多い 72

stylish　洗練された 96

succeed　成功する 58

success　成功（者） 48

successful　成功した 66

suddenly　突然に 42

surprise　驚き 36

T

take　〜を必要とする 70

take a look at　〜をちょっと見る 92

Index

take risks　危険を冒す......34

take shape　形になる......54

talent　才能......90

tap　〜を注ぐ......90

that is how　そのようにして......78

that person　あの人......110

that's why　だから〜である......98

the great　偉大な人......56

the most nimble　最も機転が利く者......86

the rest of　〜の残り......54

the road to success　成功への道程......70

the same as　〜と同じように......72

the way they are　そういう状態で......112

the world　世間の人々......104

tiring　骨の折れる......72

toy　おもちゃ......44

trap　罠......40, 64

treat　〜を扱う......104

trouble　悩み......114

truth　真実......52

trust in　〜を信じる......82

try ＋動詞ing　試しに〜してみる......94

V

valuable　価値ある......100

view　〜を見る......72

W

wait for　〜を待つ......80

waste　〜を無駄にする......42

waste of time　時間の無駄......54, 114

well-formed　よくまとめられた......84

what makes us human
　我々を人間たらしめるもの......108

what you do　あなたがすること......98

whatever　どんな〜でも......54

whereupon　そうすると......86

whose time has come　〜の時機到来だ......82

winner　勝者......38

wise　賢い......64

with all one's might　全力で......44

with no work required　苦労せずに......52

wonder　不思議......62

wore　wear「〜を着る」の過去形......96

work hard　熱心に取り組む......66

world　世の中......36

worry about　〜を心配する......114

worry　悩みの種......114

Y

you know　（文頭で）ねぇ......110

youth　青春......90

Index

第2部

A

a few　少数の人 146

a portion of　～の一部 120

abandon　～を見捨てる 152

abiding　不変の 140

above and beyond　～に加えて 144

absence　不在 170

absorb　～を使いつくす 154

accession　（地位への）到達 118

accomplish　～を成し遂げる 144

achieve　～を獲得する 126

achieve a goal　目標を達成する 144

achieve an agreement　合意を達成する 152

acquisition　獲得 142

address　（人）に演説する 118

address the problem
　問題に取り組む 164

administration　政権 118

adopt a law　法律を可決する 150

advance　～を前へ進める 122

affair　問題 134

against the other　相手に対抗して 124

aggression　侵略 162

aggressive　好戦的な 162

aid　援助 124

all the while　その間ずっと 118

along with　～と並んで 134

altogether　全く 120

ample evidence　十分な証拠 118

answer　解決策 194

appeasement　宥和政策 162

apprehension　不安 118

appropriate to　～に適合している 172

article　条項 138

as it were　言ってみれば 134

aspiration　強い願望 188

aspire to do　～することを切望する 174

assassin　暗殺者 180

assistance　援助 124

assured　保証された 128

at a not too distant date
　あまり遠くない日に 150

at long last　ついに 168

at odds with　～と対立して 164

at this time　現時点では 154

avail　効力がある 128

await　～を待つ 174

B

balanced　均整のとれた 148

bankrupt　～を倒産させる 166

basic law　基本法規 178

battle-field　戦場 120

be abhorrent to
　（人）にとって許しがたい 154

be afraid of　～を恐れる 148

be confident that　～を確信している 194

be construed as　～と解釈される 132

be dedicated to　～のために尽くす 122

be desirous of　～を望む 130

be devoted to　～をささげる 158

be engaged in　～に携わっている 120

be intimidated by　～におびえる 180

be possessed of　～を持っている 128

be proudest of　最も誇りにしている 160

be subject to　～に影響を受ける 128

be sworn in　就任の宣誓をする 154

be willing to do
　～することに前向きである 178

betray　～を裏切る 152

Bible　聖書 124

bill　法案 172

bill of rights　権利法 178

bind up a wound　傷口を縫合する 126

204

Index

bitter swill 苦汁	186	community 地域社会	188
black 黒人の	170	compel ～を強制する	142
borne		compete 競争する	166
bear「～に耐える」の過去分詞	126	complexity 複雑さ	140
breach 違反	132	compromise 歩み寄り	184
bring forth ～を生み出す	120	conceive ～を考え出す	120
brutal 残虐な	178	condemn ～を非難する	138
bureaucratic 官僚的な	168	condition 条件	172

C

cannot afford to ignore		conduct 行為	128
無視するわけにはいかない	164	Congress アメリカ連邦議会	144
cannot help but		constructively 建設的に	194
～せざるを得ない	186	continue 続く	160
care for ～の世話をする	126	contribute to ～の一因となる	170
carry the day 勝利を収める	194	cordial 心のこもった	130
cause 大義、目標 122, 184, 192		cost of health care 医療費	166
celebration 祝賀	174	count 重視する	130
certain 不動の	158	courage 勇気	168
chapter 区切りとなる時期	186	creation 創造物	158
charge up 突進する	192	creator 創造主	158
charity 慈悲	126	crime 犯罪 150, 190
cherish ～を育てる	126	critical thing 重要なこと	168
citizenry 市民	142		

civil liberty 市民の自由 140

D

citizenship 市民としての身分	128	day in, day out 来る日も来る日も	190
civil rights 公民権	128	decade 10年間	144
civil strife 内戦	128	dedicate ～を捧げる	120
civil war 内戦	120	dedication 献身	168
"civis Romanus sum."		deed 行い	130
「私はローマ人である」(ラテン語)	146	define ～を明らかにする	194
clarity 明確さ	184	degree 度合	140
coalition 連合	178	desire ～が欲しいと強く思う	182
commit oneself to do		despair 絶望	182
～すると確約する	144	devastate ～に大打撃を与える	166
common 共通の	188	devotion 献身	122
communism 共産主義	146	dictator 独裁者	162
the Communist world 共産主義世界	146	disappointment 失望	150
		disastrous 悲惨な	142

205

Index

discipline 規律 190

displace 〜に取って代わる 164

displace A with B
AをBと交換する 182

dissolve 消失する 186

do all in one's power
全力でする 180

doctrine 政策 134

draft 〜を起草する 178

drawn from 〜から集める 186

E

each and every あらゆる 164

earn one's livelihood
暮らしを立てる 166

earnestly 真剣に 130

economic recovery 経済回復 160

effect 要点 128

effective 効力を発する 154

emerge from 〜から抜け出す 186

endanger 〜を危険にさらす 118

endow 〜を授ける 158

endure 持続する 120

enduring 永続的な 172

enjoyment of the fruits of
〜の成果の享受 140

enrich the life
生活を豊かにする 166

entangling alliance
問題に巻き込む同盟 134

enter into a binding agreement
合意を締結する 138

enterprise 活動、企業 152, 166

environment 環境 172

equality 平等 140

era 時代 162

establish 〜を確立する 182

eternally いつでも 184

evil 邪悪な 146

example 実例 182

executive 行政府、行政上の 128, 172

exhaust oneself 体力を消耗する 164

expansion 発展 160

expect 〜を期待する 170

expensive 費用のかかる 144

exploration 探査 144

F

face 〜に直面する 154

fail 失敗する 180

failure 失敗 150

false start 出だしの失敗 168

fatherless home 母子家庭 170

fear 恐怖 180

fill 〜を満たす 160

firearm 銃器 150

firefighter 消防士 192

firmness 断固とした態度 126

fitting and proper 適切な 120

for なぜなら 186

force someone to do
（人）に〜するよう強制する 190

foresee 〜を予測する 184

foundation 基盤 140

frankly 率直に言って 150

fraud 詐欺行為 168

free world 自由主義世界 146

from without 外部から 134

fulfill expectations 期待をかなえる 140

full of promise 前途有望な 162

full-time 専任の 154

fully 完全に 124

G

generous 寛大な 130

genuine democracy 真の民主主義 194

Index

get done 終わらせる 190
good and evil 善悪 184
good will 友好 130
governing council 統治評議会 178
grace 気品 148
greed 強欲 168
greet 〜を迎える 174
Grenada グレナダ 160
grip 〜を引きつけてそらさない 158
gross distortion 甚だしい歪曲 192
guard against 〜を防ぐ 142
guardian 保護者 190
guidance 指導 190
guide 案内する 170

H

hallowed 神聖な 158
handsome すばらしい 148
harbor 〜をかくまう 182
hatred 憎しみ 186
henceforth ただ今より 134
heritage 伝統（遺産） 186
her 彼女（アメリカ）に 188
high contracting parties
　締約国 138
highly resolve 強く決意する 122
hold A to be B AをBと考える 158
honor 〜に尊敬の念を持つ 192
honorable 名誉ある 152
honored 名誉ある 122
humanity 人間愛、人類 186, 188
hunger for change 変革の渇望 194

I

"Ich bin ein Berliner."
　「私はベルリン市民である」（ドイツ語）....................146
idealism 理想主義 164

ideology イデオロギー 184
Iftar
　イフタール（ラマダン明けの食事）....................192
impartial 公平な 132
impressive 印象を与える 144
in competition with 〜と競争して 166
in fact 実際に 192
in the heart of 〜の中心で 182
in the light of 〜の観点から 158
in the spirit of 〜の精神で 194
in vain 無駄に 122
inalienable rights
　奪うことのできない権利 158
inaugural address 就任演説 118
incidence 発生率 150
increased さらなる 122
indeed 実際には 118
Indochina インドシナ半島 152
industrial and military machinery of
　defense 軍産複合体 142
inflation インフレ 154
influence 影響 134
inhabitant 居住者 158
innocent 罪のない（人）....................184, 192
insistent 断固たる 130
inspection 調査 118
instead of 〜の代わりに 182
instinct 本能 154
instrument of national policy
　国家政策の手段 138
international controversy
　国際紛争 138
intrigue 陰謀 134
intrude 〜を押し付ける 134
invade 〜に侵攻する 162
invoke （神の加護）を求める 124
issue 争点、問題 146, 190
it takes 〜 to do
　…するのに〜が必要である 190

207

Index

J

judge 〜を裁く 124

just and lasting peace
公正かつ永続的な平和 126

K

keep someone from doing
（人）に〜させない 190

killer 殺人者 180

knowledgeable 聡明な 142

L

land a man on the moon
人間を月に着陸させる 144

Lass' sic nach Berlin kommen. 「彼らにベル
リンに来てもらいましょう」（ドイツ語）....... 146

last full measure of 死を尽くした 122

lasting 持続的な 174

Latino ラテンアメリカ系住民の 170

law-abiding citizen
法律に従う国民 166

lead a life 生活を送る 166

leadership リーダーシップ 160

legislate 〜を法で規定する 128

let there be no doubt 明らかにする 188

licensing and registration act 登録免許法 .150

literally 文字通りに 168

long-range 長期にわたる 144

look for trouble 軽はずみなことをする 190

look forward to 〜に期待する 148

look to 〜に期待する 160

lose sight of 〜を見失う 140

M

magnificent 素晴らしい 170

maintain 〜を維持する 184

make a decision 決定する 172

make a difference 差を生じる 160

make economic progress 経済成長する .. 146

make it clear that 〜を表明する 194

make sure that
確実に〜になるようにする 190

malice 悪意 126

mankind 人類 144

match 〜を調和させる 148

mesh 調和する 142

Middle East 中東 162, 182

military strength 軍事力 148

military-industrial complex
軍産複合体 142

modern 近代の 172

moral 道徳的な 184

moral restraint 道徳的抑制 148

morale 道徳的な 160

murder 〜を殺す 184

N

national goal 国家目標 144

natural environment 自然環境 148

nature 性質 138

neither どちらも〜ない 124

neutrality 中立状態 132

no less 同様に 130, 162

nobly 気高く 122

nothing less than ほかならぬ〜で 194

nourishment 栄養を与えること 158

now that 今や〜だから 152

nuclear 核の 158

O

Office of the Presidency 大統領職 150

one's fellow countrymen 自国の人々 .. 132

oppress 〜を迫害する 174

208

Index

oppression 抑圧 184

origin 原因 138

orphan 孤児 126

out there 世の中には 170

outrage of violence 暴力行為 164

P

pacific means 平和的手段 138

particularly とりわけ 154

partisanship 党派心 132

passage 議会通過 150

passionately 熱烈に 132

patchwork 寄せ集め 186

peace 和平協定 152

perish 滅びる 122

permit someone to do
（人）に～することを可能にする 146

persist 持続する 142

pick up a book 本を手に取る 190

play a role 役割を果たす 164

polity 政治形態 134

poverty 貧困 174

pray 祈る 124

prayer 祈り 124

preference （好みによる）選択 132

prepare for ～の準備をする 178

present 存在している 184

preservation 保護 140

preserve ～を失わないようにする 148

principle 原則 164

priority 優先事項 168

prisoner of war 戦争捕虜 152

privilege 特権 140

profound 大規模な 166

property 財産 118

proposition 命題 120

prosperity 繁栄 154

prosper 繁栄する 142

prosperous 豊かな 172

protect ～を保護する 148

proud 誇りに思う 152

the proudest boast 最高の自慢 146

provide a fund 資金提供する 144

prudence 慎重さ 164

published 公開された 118

purpose 目的 148

pursuit 追求 158

put a curb upon ～を抑制する 132

put something first ～を優先する 172

Q

quitter 簡単にあきらめる人 154

R

race 人種 188

race relation 人種間関係 170

raise ～を育てる 190

rather むしろ 122

reasonable cause 妥当な理由 118

recession 景気後退 160

recognition 正当性の認識 130

recourse to ～に頼る 138

refrain from doing ～することを控える 130

regardless of ～にかかわらず 188

regulate ～を規定する 128

religion 宗教 188

religious leader 宗教的指導者 192

remain 相変わらず～である 162

remain unanswered
未解決のままである 194

remaining 残りの 122

renounce ～を放棄する 138

Republican 共和党員 118

resign the Presidency
大統領を辞任する 154

209

resist　〜に抵抗する 162

respect　〜を尊敬する、敬意 160, 170

respective　それぞれの 138

respond to　〜に対応する 194

response to　〜への対応 192

reveal　正体を現わす 186

right　正義 126

righteousness　公正 130

rivalry　対立 134

rob someone of something
　（人）から（物）を奪う 166

S

sacrifice　犠牲になる 152

scientific progress　科学的進歩 140

score　20 120

Secretary of State　国務長官 138

secure　〜を守る、〜を確保する、
　保証された 130, 150, 168

security　安全 188

segregation　人種差別 186

self-evident　自明の 158

selfless　無私無欲の 152

sense　見解 164

serve　服役する 152

servitude　強制労働 174

settle for　〜で妥協する 152

settlement　合意 138

shake the will of
　（人）の意思をぐらつかせる 180

share　〜を共有する 188

should dare to do
　ずうずうしく〜するとは 124

sincere　誠実な 130

single　唯一の 170

skeptic　懐疑論者 174

social problem　社会問題 170

solemn　重大な 132

solemnly　厳粛に 138

sought　seek「努める」の過去分詞 172

sovereignty　主権 178

space activities　宇宙活動 144

speak out　率直に意見を述べる 184

spread　〜を広げる 180

spring out of　〜生じる 132

square　広場 148

stalwart　断固とした 162

stand committed　熱心に取り組む 128

standard of living　生活水準 140

State of the Union　一般教書演説 140

station　地位 188

steer a course　針路を取る 172

step down　退陣する 194

street　町の人々 174

strive　努力する 126

struggle　紛争 132

struggle for　〜のための戦い 162

subtle　微妙な 132

the sweat of one's face　額の汗 124

T

take an action　行動する 172

take away　〜を奪い去る 168

take from　〜受け継ぐ 122

take hold　根付く 180

take nothing for granted
　何事も当然と考えない 142

take root　根付く 182

take sides　どちらか一方の側につく 132

talented　有能な 168

terror　テロ 182

terrorist　テロリスト 182

those who　〜な人たち 192

threaten　〜を脅かす 162

thug　殺し屋 180

thus far　これまで 122

tolerance　忍耐、寛容 174, 192

to the contrary　それとは反対に 118

tool　手段 172

tragically　悲劇的に 192

transition　移行、変遷 178, 194

treatment and fare　待遇 128

tribe　部族 186

triumph　勝利 160

troop　部隊 192

turmoil　混乱 140

tyranny　独裁 174

U

uncertain　不確かな 168

unchanging　不変の 174

uncomfortable　不愉快な 184

unhindered　妨げられない 134

unilateralism　覇権主義 164

United Nations　国際連合 178

unity　結束 194

universalism　普遍主義 164

unthreatened　脅されない 134

unwarranted　不当な 142

urgent question　緊急課題 166

usher in　～を導き入れる 186

V

value　価値 172

values　価値観 174

venture to do　あえて～する 132

Vice President　副大統領 154

victim　犠牲者 192

vindication　無実の証明 154

violence　暴力 180

W

the Washington and Moscow summits
　米露首脳会談 160

waste precious resources
　貴重な資源を浪費する 164

wasteful　無駄の多い 168

wave of the future
　これからの主流 146

wealth　富 148

weight　影響力 142

what is right　正しいもの 178

what it takes　必要なもの 178

when　～なのに 166

whether　～かどうか 120

whether sought or unsought
　意図されたものであろうとなかろうと ... 142

whim　気まぐれな思いつき 178

white　白人の 170

widow　未亡人 126

wisdom　知恵 148

with dignity　尊厳をもって 188

with honor and distinction
　名誉と功績を持って 152

with one accord　一斉に 134

withdraw　撤退する 162

work with　～と協力する 146, 178

working for less　少ない給料で働く ... 166

wring　（財産）を奪う 124

wrong　～を不当に取り扱う 130

Y

yearn to do　～することを切望する 174

yet　けれども 128

yield　～を生み出す 182

211

音読から速音読、
そして多読へ

英語＆スキルトレーニング BizCom 代表

鹿野　晴夫

簡単そうで難しい、英語の多読

　リーディング力をつけるためには、繰り返したくさん読むこと、いわゆる「多読」がもっとも効果的な学習法です。多読では、「1. 速く、2. 訳さず英語のまま、3. なるべく辞書を使わず」に読むことが大切です。私自身も、TOEIC 600点の頃から、苦手なリーディングを克服すべく、「ラダーシリーズ」（当時は、ラダーエディション）を読み始め、50冊を読み終えた頃には、850点に達していました。

　ラダーシリーズは、使用語彙数が「1,000語・1,300語・1,600語・2,000語・制限なし」と5段階に分かれており、「はしご（ladder）」を使って、一歩一歩上を目指すように、学習者の実力に合わせ、無理なくステップアップできるように開発された英文リーダーのシリーズです（詳細は p.221）。

　ラダーシリーズは、誰でも子どもの頃に日本語で親しんだ古典的名作を中心に、構文的にもやさしい英語でリライトしてあります。読むことは、日本語に訳すことではなく、英語で内容を想像することですから、ストーリーを知っている本ほど内容を想像しやすく、楽しく読み進めることができます。

　しかし、いざラダーシリーズを手にとって、多読にチャレンジ

してみても、スラスラ読めないという方も少なくありません。私も、TOEIC 300点台の頃には、1,000語レベルの本すら、読むのにとても時間がかかり、途中で投げ出してしまった記憶があります。語彙レベルが制限され、かつ知っているストーリーだからといって、英語のまま理解できるわけではないのです。

　ここで、「我慢して読み続ければ、いつかスラスラ読めるようになる」と考えるのは禁物です。我慢して読まなければいけないのは、多読の基礎となる速読ができていないからです。これは、基礎練習が足りない状態で、練習試合に臨むようなものです。中には、強引に多読を続けることで、力を伸ばす人もいますが、成功率は高くありません。ほとんどの場合、挫折が待っています。

TOEIC スコアのアップにも多読が有効

　前述の通り、読む力を伸ばすには、多読がもっとも効果的な方法ですが、TOEIC テストの練習問題（Part 7）などを使い、時間を計って解くことなどで、読むスピード（速読力）だけを短期間で上げようとする人もいます。しかし、成功率は高くありません。テクニックで速読スピードを多少上げたとしても、TOEIC テストに必要な「大量の英文を一気に読み終えることのできるスタミナ」が不足するからです。

　短距離走の練習しかしていない人が、マラソンに挑めば、途中で息切れしてしまうに決まっています。TOEIC 600点未満の方のほとんどが、リーディング問題を解き終えることができずに、やり残しているはずです。ヘタな TOEIC 対策などしなくても、問題のやり残しが無くなれば、600点を超えることができます。その

ためには、速読力という「瞬発力」だけでなく、75分間読み続けることができる「持久力」を、多読によって養うことが効果的です。

　また、リーディング力を伸ばすことは、リスニング力のアップにもつながります。特に、TOEIC の Part 4（説明文問題）では、アナウンス、スピーチといった「文字で書かれた原稿」が音読され、それをリスニングします。TOEIC リスニング問題の音声スピード（音読スピード）は、1分間に150語～200語程度です。ですから、このスピードと同程度の「音読スピード」があれば、音声を英文としてキャッチすることできます（音→英文）。そして、このスピードを上回る速読力があれば、内容をラクに理解することができます（英文→意味）。さらに、多読で培ったスタミナがあれば、集中力が途切れることなく、リスニング問題を解き続けることができます。

音読と速音読で、速読力を養う

　本書で紹介のトレーニングで、英語を英語のまま理解できる「英語回路」が育成できます。英語を英語のまま理解できるわけですから、リスニング力だけでなく、リーディング力（とりわけ速読力）も育成できます。心配な方は、「基本編〈リスニング力を強化する〉」のトレーニング Step 1 と、Step 5 で音声【fast】を聞いた後で、秒数を測りながら、英文を黙読してみてください。速読スピードが向上しているはずです。

　音読することで、黙読（速読）スピードが向上するのは、何故でしょう？　実は、ネイティブスピーカーは、黙読していても、脳の音声領域が反応しています。黙読とは、声に出さない音読なのです。

ですから、英文を速音読した後で黙読すると、物理的に口を動かして声を出すというブレーキが外れて、速読スピードが一気に上がります。

事実、ネイティブスピーカーの音読スピードの限界は、1分間に200語程度ですが、黙読なら1分間に300語以上のスピードになります。1分間に300語以上で英文を理解できる処理力で、1分間に150 〜 200語の英語を聞けばどうなるでしょう？ 英語が、ゆっくり聞こえます。皆さんも、本書のトレーニング Step 5で、ふたたび音声【fast】を聞くと、最初よりゆっくりと聞こえるはずです。これが、ネイティブスピーカーの感覚なのです。

ところで、皆さんは、母国語（日本語）を最初から黙読できましたか？ 日本人の場合は、だいたい2歳で聞き始め、3歳で簡単な文を話し始め、4歳で読み始めますが、この段階では黙読できません。黙読ができるのは、小学校に上がって、教科書を使って音読を練習し、2年生になる頃です。文字を見て音読する（文字→音）トレーニングを続けると、音読しなくても、脳の音声領域が反応するようになり、黙読できるようになるのです。この原理は、何語でも同じです。

では、脳の音声領域が反応すると、黙読できるのは何故でしょう？ 前述の通り、自然な言語習得は、聞くことから始まります。親が、「マンマよ」という具合に、食べ物などを見せながら、子どもに話しかけを続けることで、音（リズム）を聞くと、絵（イメージ）が浮かぶようになります。やがて、頭に浮かんだイメージをリズムで伝えられるようになり、話せるようになります。読む際は、音読することで、文字をリズムに変換して、頭にイメージを浮かべます。やがて、音読しなくても、文字をリズムに変換できるよ

うになり、黙読できるようになるのです。

　ですから、音読できない英文は、黙読（速読）もできない（意味がわからない）のが自然です。反対に、黙読できる英文は、音読もできますし、聞いてもわかるのが自然です。もちろん、日本語に訳せば、音読できない英文でも、意味が理解できますが、訳読できるスピードは、せいぜい1分間に75語程度です。TOEICテストなら、リーディング問題を半分やり残し、1分間に150語以上の音声を聞くリスニングでは、パニックになります。

　結局、「郷に入れば郷に従え」の言葉通り、英文を速読できるようになるには、ネイティブスピーカーの練習方法（音読）が一番というわけです。

速読力を養う音読・速音読のコツ

　前述の通り、ネイティブスピーカーは、黙読（速読）の際に、文字をリズムに変換します。ここで大事なことは、ひとつひとつの単語を音に変換していくのではなく、実際に話される際と同様に、意味の区切りの単位「チャンク」で、リズムに変換していることです。意味の区切りとは、「誰が」「どうした」「誰に」「いつ」「どこで」「どんなふうに」といったことです。

　これは、日本語で、「私は毎日テレビを見ます」であれば、「私は / 毎日 / テレビを / 見ます」というリズムが最小単位で、人によって「私は毎日 / テレビを見ます」「私は / 毎日テレビを / 見ます」「私は / 毎日テレビを見ます」という違いはあっても、「私 / は / 毎 / 日 / テ / レ / ビ / を / 見 / ま / す」とは、言わないのと同じです。

　ネイティブスピーカーは、日常的に母国語を聞き、毎日の音読

を小学校の6年間続けます。ですから、文字を見れば、自然にリズム変換できます。では、英語のネイティブスピーカーではない私たちが、文字（英文）をリズムに変換できるようになるには、どうしたら良いのでしょうか？　ひとつは、毎日10分で構いませんから、音読習慣をつけること。そして、リズムを意識して、音読・速音読を行うことです。

　下記の練習で、リズムを意識した練習のコツをつかみましょう。

練習1

　下記の英文（本書106ページ掲載）を、意味の区切り（リズム）を意識して音読できるか、試してみましょう。

We've got this gift of love, but love is like a precious plant. You can't just accept it and leave it in the cupboard or just think it's going to get on by itself. You've got to keep watering it. You've got to really look after it and nurture it.

Love is alive. It is not an object like a beautiful painting or a precious stone. Love is a living thing. And like any living thing, love needs nourishment. It needs constant care.

練習2

1. 音声【slow】(Track 064) を聞いて、リズム（意味の区切り）を確認しましょう（この英文には、わかりやすいように「/」を入れてあります）。
2. 確認したリズム（意味の区切り）を意識して音読しましょう。
3. 意味をイメージしながら音読しましょう。
   (precious plant, cupboard, beautiful painting, precious stone などイメージしやすい部分だけでも、想像できれば OK。)

We've got / this gift of love, / but love is / like a precious plant. / You can't just accept it / and leave it / in the cupboard / or just think / it's going to get on / by itself. / You've got to / keep watering it. / You've got to / really look after it / and nurture it. /

Love is alive. / It is not an object / like a beautiful painting / or a precious stone. / Love is a living thing. / And like any living thing, / love needs nourishment. / It needs constant care. /

音読と多読の両輪で、英語力が飛躍する

音読の習慣ができたら、少しずつ多読にチャレンジしましょう。なお、多読を始めたばかりの時期に、無理は禁物です。前述の「ラダーシリーズ」など、極力やさしいもの、内容を推測しやすいものから始めましょう。多読の目的は、音読で養った速読スピードで、大量の英文を読み、スピードを持続できるスタミナを養うことです。ですから、多読の際は、前述通り「1. 速く、2. 訳さず英語のまま、3. なるべく辞書を使わず」読みます。

「辞書を引かずに語彙が増えるのか？」という疑問を持たれる方もいるかもしれません。しかし、多読は語彙を増やすために行うものではありません。英文を読んでいて知らない単語に出会っても、その単語の発音がわかりませんし、意味もわからないのですから語彙は増えません。文脈から、意味を推測することは可能ですが、推測した程度では記憶に定着しません。だからといって、いちいち辞書を引いていたのでは、スピードが上がりません。

中学高校で習う単語、約3,000語を完璧に覚えていれば、TOEICで860点以上の取得が可能です。しかし、単語の暗記は、歴史の年号を覚えるようなもので、すぐに忘れてしまいます。単純記憶したものの1ヵ月後の定着率は21%といわれています。79%は忘れるわけです。ですから、記憶するには、覚えることよりも、忘れないことに比重をかける。つまり定着率を上げることを考える必要があります。

そのためには、忘れてしまう前にもう一度その単語に出会うことが必要です。具体的な方法は、日本語訳で英文の意味を確認した上で、何度も音読をすることです。100語の英文の音読は、1分かからずにできます。日本語訳で意味を確認して、音声を聞き、真似するように3回音読、さらに速音読を3回しても、10分で終わります。

　英文を変えながら、30日続けると、3,000語です。1回では、頭に残らないような気がするかもしれませんが、移動中に音声を聞いたり、シャドーイング（26ページ）をしたりすれば、思い出します。これを、半年続ければ3,000語を6回転、1年続ければ12回転することになりますから、忘れることなく単語の意味が定着します。

　しかし、これではまだ不十分です。単語の意味は、文脈によって異なるからです。例えば、I'm still busy.「私はまだ忙しい」という文で、still を「まだ」と覚えただけでは、The sea is still.「海は静かだ（波がない）」という英文を読んでも、すぐにはイメージがわかない（意味がわからない）はずです。知っている単語を、様々な文脈の中で捉え直す作業を通して、語感（言葉の持つイメージ）を広げていく。still であれば、「じっとした」「静止した」「静かな」といったイメージが持てるようになっていく。そのために不可欠なのが、多読なのです。

　音読・速音読とリスニングで、単語の基本的な意味を定着させ、多読で語感を養う。音読・速音読で、速読スピードを上げ、そのスピードで多読することで、スタミナを養う。音読と多読の両輪でこそ、英語力は飛躍します。

ラダーシリーズ

　ラダーシリーズは、使用する単語を限定して、やさしい英語で書き改められた、多読・速読に最適な英文リーダーです。巻末にワードリストが付属しているため、辞書なしでどこでも読書が楽しめます。ラダーシリーズで「はしご (ladder)」を一段ずつ登るように、ステップアップしましょう！

LEVEL	1	2	3	4	5
使用語彙	1000語	1300語	1600語	2000語	制限なし
TOEIC®	300〜400点	400〜500点	500〜600点	600〜700点	700点以上
英検	4級	3級	準2級	2級	準1級以上

● ラダーシリーズの特徴

1. 中学校レベルから中級者レベルまで5段階に分かれています。自分に合ったレベルからスタートしてください。

2. 使用語彙について
　レベル1：中学校で学習する単語 約1000語
　レベル2：レベル1の単語＋使用頻度の高い単語 約300語
　レベル3：レベル1の単語＋使用頻度の高い単語 約600語
　レベル4：レベル1の単語＋使用頻度の高い単語 約1000語
　レベル5：語彙制限なし

3. クラシックから現代文学、ノンフィクション、ビジネスと、幅広いジャンルを扱っています。あなたの興味に合わせて読み物を選べます。

4. 巻末のワードリストで、いつでもどこでも単語の意味を確認できます。レベル1、2では、文中の全ての単語が、レベル3以上は中学校レベル外の単語が掲載されています。

5. カバーにヘッドホーンマーク がついている書籍は、音声データ (MP3形式) をダウンロードして (有料)、リスニング教材として併用できます。

English **C**onversational **A**bility **T**est
国際英語会話能力検定

● E-CATとは…
英語が話せるようになるためのテストです。インターネットベースで、30分であなたの発話力をチェックします。

www.ecatexam.com

● iTEP®とは…
世界各国の企業、政府機関、アメリカの大学300校以上が、英語能力判定テストとして採用。オンラインによる90分のテストで文法、リーディング、リスニング、ライティング、スピーキングの5技能をスコア化。iTEP®は、留学、就職、海外赴任などに必要な、世界に通用する英語力を総合的に評価する画期的なテストです。

www.itepexamjapan.com

1日10分英語回路育成計画
名言・名スピーチで学ぶ英語音読トレーニング

2025年5月5日　第1刷発行

編　者	鹿 野 晴 夫
発行者	賀 川 　 洋
発行所	IBCパブリッシング株式会社 〒162-0804 東京都新宿区中里町29番3号 菱秀神楽坂ビル Tel. 03-3513-4511　Fax. 03-3513-4512 www.ibcpub.co.jp
印刷所	株式会社シナノパブリッシングプレス

© 鹿野晴夫 2025
© IBC Publishing, Inc. 2025

Printed in Japan

落丁本・乱丁本は、小社宛にお送りください。送料小社負担にてお取り替えいたします。
本書の無断複写（コピー）は著作権法上での例外を除き禁じられています。

ISBN978-4-7946-0874-1